学者的情怀

我在南京农业大学60年

顾焕章 著

江苏人民出版社

图书在版编目(CIP)数据

学者的情怀：我在南京农业大学 60 年 / 顾焕章著.
—南京：江苏人民出版社，2021.9
ISBN 978-7-214-26602-6

Ⅰ.①学…　Ⅱ.①顾…　Ⅲ.①农业经济学－文集
Ⅳ.①F30-53

中国版本图书馆 CIP 数据核字(2021)第 197950 号

书　　　名	学者的情怀：我在南京农业大学 60 年	
著　　　者	顾焕章	
责 任 编 辑	张惠玲	
装 帧 设 计	许文菲	
出 版 发 行	江苏人民出版社	
地　　　址	南京市湖南路 1 号 A 楼，邮编：210009	
照　　　排	南京紫藤制版印务中心	
印　　　刷	江苏凤凰数码印务有限公司	
开　　　本	652 毫米×960 毫米　1/16	
印　　　张	16.25　插页 8	
字　　　数	205 千字	
版　　　次	2021 年 9 月第 1 版	
印　　　次	2021 年 11 月第 2 次印刷	
标 准 书 号	ISBN 978-7-214-26602-6	
定　　　价	78.00 元	

(江苏人民出版社图书凡印装错误可向承印厂调换)

2020 年 7 月 2 日摄于南京农业大学

　　左起：王源超、陈发棣、马洪超、沈其荣、钟甫宁、陆承平、管恒禄、曹卫星、盖钧镒、顾焕章、翟虎渠、曲福田、陈利根、李筠、刘营军、董维春、丁艳锋、吴群、刘兴龙、吴益东

2021 年 7 月 7 日，顾焕章在南京农业大学图书馆与陈利根（左）合影

2021 年 6 月 30 日，顾焕章在参加南京农业大学七一表彰大会前与费旭（左）合影

2021年6月，顾焕章与王春春（右）合影

2019年5月26日，顾焕章在南京农业大学体育馆与刘营军（左）合影

2021年4月23日，金融学院院刊《璞石》发刊仪式
前排左2起：李日葵、陈洁、顾焕章、周月书、张龙耀

1984 年，南京农业大学老师与研究生新生合影

前排左起：顾焕章、朱唐、陈本炤、原葆民、王希贤、许道夫、汪荫元、刘崧生、刘书楷、郭宗海、王万茂

后排左起：阎裕民、张德远、刘传哲、李善民、杜金岷、倪洪兴、许小松、张承良、李宁、孙晓华、陈东升、吴国山

20 世纪 90 年代中期，南京农业大学校友聚会

前排左起：肖清萍、张先佑、刘书楷、陈本炤、原葆民、郭宗海、谢仰钦

后排：陈玉凤（左2）、张瑞芝（右1）、杨德祥（右2）、顾焕章（右3）

1984年，南京农业大学农业经济学系教师合影

左起：何士谦、陈品智、林元潘、李岳云、杨德祥、刘葆金、顾焕章、郭宗海、王万茂、张景顺、王定玉、陈万明

1998年摄于北京京西宾馆，国务院学位委员会（第四届）农林经济管理学科评议组第一次会议合影

前排左起：董维春、李丹阳、顾焕章、赵冬缓、张晓山、王锡桐、雷海章

后排左起：邱俊齐、徐恩波、张建国、温思美

1995年11月摄于江苏无锡，全国农业经济学科研究生工作会议合影
中坐左起：李岳云、朱希刚、李友华、顾焕章
中坐左6起：朱道华、翟虎渠、戴思锐、袁飞
前排：董维春（左3）、罗英姿（左8）；后排：温思美（左8）

1999年5月摄于安徽绩溪，农林经济管理学科组会议合影
前排：张建国（左4）、朱道华（左6）、顾焕章（左8）、王锡桐（左9）
中排：钟甫宁（左4）、郭庆海（左5）、温思美（左7）、雷海章（左9）
后排：董维春（左1）、何秀荣（左4）、李岳云（左5）、曲福田（左8）

1999 年，顾焕章
与梅方权（左）合影

上世纪 90 年代中
期，顾焕章与牛若峰
（左）合影

1995 年，顾焕章
在无锡与朱希刚（左）、
袁飞（右）合影

2002年，南京农业大学马晓河博士论文答辩合影

左起：马晓河、韩俊、顾焕章、洪银兴、李岳云、蒋伏心、钟甫宁、张景顺、王凯

1994年，南京农业大学施丁、郑建华博士后出站答辩合影

左起：施丁、顾焕章、盖钧镒、郑建华

20世纪90年代，顾焕章应邀参加南京大学博士学位论文答辩

左2起：周三多、邹祖煜、顾焕章、洪银兴、施建军、刘志彪

1999年摄于黄山
左起：顾海英、任露茜、顾焕章、曲福田、董维春

1998年摄于无锡
左起：顾江、樊胜根、顾焕章

2012年，南京农业大学110周年校庆，顾焕章与博士后张超超（右）合影

1996 年，顾焕章访问日本与周应恒（左1）、杜金珉（右2）、褚保金（右1）合影

1998 年，顾焕章与朱晶（左）参加中国农村公共投资无锡国际研讨会合影

2019 年，顾焕章与张金华（左2）、张建良（右2）等参加南京农业大学校友会金融分会成立大会合影

2011 年摄于深圳

左起：黄武祥、王红兵、顾海、王荣、顾焕章、任露茜、耿金海、张文凤、顾江

2017 年 5 月摄于泰州，顾焕章夫妇与曲福田（前排右 2）、董维春（前排右 1）、李友生（后排右 1）、顾江（后排左 2）等合影

2006 年 5 月，南京农业大学农业经济学系 82 级校友毕业 20 周年合影

1987 年，顾焕章在上海与家人合影，前排中间为其母亲

1997 年，顾焕章夫妇于肇庆合影

1998 年，顾焕章家人合影，左为顾海，右为顾江

2020 年，顾焕章家人合影

2020 年，顾焕章家人合影

2003 年，顾焕章七秩荣寿合影

编者的话

顾焕章先生是我"老师的老师"（我的博导应瑞瑶教授的博导），何其幸能上溯师承顾先生门下。得其教诲深刻，缘于 2018 年我对顾先生的深度访谈。为系统开展学校校史资料的收集与整理，2017—2019 年李群教授连续三年主持了南京农业大学校园文化建设项目"南农大师名家口述校史"，该项目的开展得到了学校党委宣传部的大力支持。顾先生和沈丽娟、王萌长、程遐年、盖钧镒、王万茂六位老师被列为第二批口述访谈的南农大师名家。我是项目组主要成员，顾先生的口述访谈由我负责完成。顾先生欣然接受我的访谈请求，积极配合访谈工作，侃侃而谈，如数家珍，且思路清晰。访谈中，顾先生表达出的对学问求精、对师长尊重、对名利淡泊、对人事练达，令我深受教育。顾先生流露出的对母校、对中国农经教育事业的热爱，令我动容。访谈后，我撰写《我在南京农业大学六十年——农业经济学家顾焕章访谈录》，于 2019 年 9 月印刷成册，后广泛征求意见，再经修改组成本书的上篇。

下篇名为"思海拾贝"，是顾先生发在微信朋友圈的图文、议论和感想合集。顾先生年逾八旬，但与时俱进，能熟练操作微信，勤思不辍，几乎每天发微信朋友圈，最早的一条发于 2017 年 5 月 11 日。2021 年 1 月 16 日，当时我借调农业农村部工作，突然接到顾先生电话，他嘱托我对其微信朋友圈的图文进行整理。当日，顾先生不辞辛劳，把文字一条条复制粘贴发给我，大约有 7 万字。我查收了顾先生发给我的微信，并和他微信朋友圈的图文进行比对，于 3 月 10

日初步整理成稿。顾先生将此稿发给部分校友,3月12日将反馈意见发给我,绝大部分为好评,也有校友提出了修改意见,有几位校友建议将此文字编辑出版,以飨读者,启迪后人。曹晓辉建议将这部分文字和《我在南京农业大学60年——农业经济学家顾焕章访谈录》合二为一,这与我的想法不谋而合。在参考了校友的修改意见,并在顾先生孙女遥遥的帮助下,我对顾先生的微信朋友圈图文再次进行梳理、修改。

顾先生的图片和文字,涉及面广,融知识性、思想性、历史性和现实性于一体,发人深省。然而微信朋友圈发文终究还是碎片化的,经仔细斟酌,我将内容分为往事依稀、桃李芬芳、人生感悟、名篇掌故、社会观察、学术探讨、两篇演讲、天伦乐趣八类,并为没有标题的内容添加了标题。

农经191班辛怡静同学协助整理了论著、论文目录。辛怡静在2020年秋季学期对顾先生进行访谈,并制作微视频《百年农经》上传至B站(https://b23.tv/W5oTii),于是我得以认识她。作为新时代农经人,她积极承担顾先生论文论著目录的整理工作,参照《江苏社科名家文库·顾焕章卷》中的学术年谱,比对知网、万方、维普的资料,多次修改文献标注格式,最终完成了主要论著及论文目录。

2021年是中国共产党建党100周年,也是中国大学第一个农业经济学系创立100周年。借出版本书,为建党百年、为农经百年纪念献礼!我将书名定为《学者的情怀》,想表达顾先生作为新中国培养的农业经济学家所具有的南农情怀、三农情怀、家国情怀。

本书付梓之际,特别感谢南京农业大学党委书记陈利根教授的鼓励,感谢南京农业大学副校长董维春教授的校审,感谢程晓平、陈东平等多位校友提出的有益修改意见,感谢李群教授不吝指教,感谢姜海教授的支持,感谢伽红凯老师、李芬老师、李杨老师的帮助和李冰老师的校对!

能得顾先生信任，我感到非常高兴和荣幸。顾先生学识渊博，睿智儒雅，我才疏学浅，实难望其项背，在整理及撰写中如有错漏，敬请各位读者批评指正。

朱　娅

2021 年 5 月 20 日

目　录

上篇

农业经济学家顾焕章访谈录

受访人：顾焕章

访问人：朱娅、李群、蒋静、李祥凝、李玉霞

整理人：朱娅

访谈地点：南京农业大学逸夫楼6032室

访谈时间：2018年7月18日、2018年7月27日、2019年3月12日

一、报考南农农经专业

访问人(以下简称"问"):顾老师,您好! 为系统开展学校校史资料的收集与整理,学校决定开展大师名家口述校史项目,记录学校老一辈教师的丰富人生经历和学术成长经历,追寻学科和学校的发展脉络,激励后辈。您被列为第二批口述校史受访专家,谢谢您给予支持!

顾焕章(以下简称"顾"):对于我来讲,安安静静地过日子是最重要的。在这个基础上面,如果我能够为学校做一点事,提供一点材料,也很好。现在我到这个年龄已没有什么顾虑。

问:顾老师,请谈一下您的出身及家庭情况。

顾:我 1934 年 11 月 11 日出生,11 月 11 日是什么日子,你知道吗?

问:"双 11"。

顾:光棍节。我老家在江苏盐城,原来在阜宁县蔡桥镇,现在划到滨海县,所以我填籍贯的时候,还是填"阜宁"。我父亲是小学教师,也当过小学校长。20 世纪 40 年代初,正值抗日战争最艰苦的时期,苏北烽火遍地,民不聊生。我们家的顶梁柱——我父亲在而立之年身患重病,需要到泰州去治疗,住进了福音医院,母亲只好带着刚出生不久的小妹去了泰州。我和大妹此时年幼,迫切需要有人照顾。我的大姨母王丹元向我们伸出了援手,把我和大妹接到阜宁农村邹家河居住。母亲在泰州一住三年,我也在邹家河生活了三年,进邹家河小学读书。

当时,大姨夫邹岳生①在遥远的外地工作,但他仍设法寄钱回家,给大姨母盖了四间大瓦房,大大改善了居住和生活条件,我也深受其惠。我在邹家河数年的学习和生活,是安定的,也是丰富的,它是我童年生活中最快乐的一段时光。虽然阜宁县城的日本鬼子有时下乡到邹家河"扫荡",但我们也只是短暂的惊慌而已。

抗战胜利后,内战又起,故乡仍然是战火纷飞,动荡不安。那时父亲已经去世②,去世时才30多岁。母亲含辛茹苦带着我和两个妹妹,生活十分困难。在这危难的时刻,我们又得到了大姨母的关照,1945年随她同到上海,住在南市卢家湾一所由大姨夫出资修建的房子里。这是一座有五间房子组成的院落,还有一个阁楼。同住的有姨夫的兄弟和侄儿侄女们,人数众多,虽然比较拥挤,但我们这些从苏北农村来的乡下人能够在十里洋场的大上海有了栖身之地,也很满足。这一时期,社会动荡,物价飞涨,人心惶惶,在大姨夫的资助下,我得以勉强维持学业,就读于上海培真小学、上海浦江中学和上青中学。

日本军国主义发动的侵华战争,是中华民族的一次巨大灾难。我幼年时在家乡曾经历过两次日本鬼子的"扫荡",烧杀抢掠的鬼子兵给我留下了无法磨灭的印象,以至于在战后相当长的时期内,我一见到日本的太阳旗,心中仍然厌恶。虽然理智告诉我,今天的日本已经不是军国主义国家,中日应该友好相处,但是在感情上我还是难以抹去那一段屈辱的记忆。在上海读书的时候,我也看到过美国大兵耀武扬威欺负中国人,所以我对美国人也没有好感。一个国家、一个民族如果失去了主权,就只能任人宰割,而现在的年轻人是无法体会到的。虽然从理性的角度,我们要尊重和学习西方国家的文明、科技

---

① 邹岳生毕业于北洋大学土木工程系,曾经是浙赣铁路局南春段工程处的负责人,抗战期间还是滇缅公路一些重要工程项目的设计者和建设者。

② 1941年去世。

和法制,但从感情的角度,我痛恨美国和日本的强权和霸凌,我的观念大概此生不会改变了。

我有一位亲戚是老革命,解放以后,经他介绍,我中学没毕业就参加工作,工作地点在松江,当时松江属于江苏省。我在松江专区的农林科现在叫农业局工作,开始是助理技术员,后来当了技术员,期间我曾被派到南汇县畜牧兽医站当副站长。我偶然翻个人档案时,发现了一张 1956 年 5 月的兵役证,是以国防部长彭德怀元帅的名义颁发的。因为当时我在松江专署兽医防治站工作,所以我的军种是军马检验员。我曾经是一名光荣的预备役军人。

摄于 1950 年

1956 年顾焕章预备役军人证明

1955 年,机关里动员一批干部考大学,于是我就参加"松江中学高考复习班",在松江中学读了一年书,主要是补高中的课程。1956 年,因为松江没有考点,我在苏州考大学,当年我考入南京农学院农业经济学系。

问:为什么选择南京农学院的农业经济专业?

顾:选择农业经济专业有两个原因:第一个是我在农业局工作,是农业技术员,对农业比较熟悉,感觉有一定的基础;第二个是南京农学院农业经济学系广告做得好。

问:学校怎么做的广告?

顾:招生简章提出的培养目标是培养国营农场场长、集体农庄主席和拖拉机站站长,我就是奔着这个来的。因为我看了很多苏联电影,比如《幸福的生活》《拖拉机手》《乡村女教师》,歌曲《红莓花儿开》就是电影《幸福的生活》的插曲,当时几乎人人会唱,且传唱至今。20 世纪 50 年代的这些苏联电影都是反映苏联集体农庄、国营农场美好生活的故事。当时我国全盘学习苏联,认为苏联的今天就是我们的明天,令我非常向往,所以我就报考了农业经济专业。

1952 年院系调整后,南京农学院在丁家桥,就是现在的南京工业大学的校园。1958 年春节前夕,南京农学院迁来卫岗,党委书记张维城号召打破常规过春节,不放假,植树造林,绿化校园。那一年全体师生员工在卫岗植树造林,美化校园。至今整整 60 年,当年栽种的小树苗,如今已长成参天大树!

1958 年全国掀起了除"四害"运动,麻雀亦在其中。我记得当时南京农学院负责四方城到中山陵一线的灭雀任务,于是全校师生沿马路齐声吆唤,并敲响各种器皿,杀声震

摄于 1956 年,顾焕章考入南京农学院留影

天。无奈树高林密，麻雀就是掉不下来，一些林中小动物倒是被吓得到处乱窜，据说还抓到野兔和一只獐子，总算是有战果。

问：您在大学期间是如何学习的？

顾：我入学时，南京农学院院长叫金善宝。当时学校有两个口号非常振奋人心，即"向科学进军！""向副博士进军！"副博士是前苏联的学位制，有副博士和博士。前苏联的副博士学位是大学授予在读研究生的最高学位，相当于欧美的哲学博士学位（PhD），而博士学位则授予科研业绩突出的在职人员。

不久以后，情况发生了变化。先是1957年的"反右"运动，然后是1958年的"大跃进""人民公社化"运动，全校师生都下放到农村劳动锻炼。1957年11月到1958年8月，南京农学院千余师生先后下放劳动锻炼半年，我们第一批200多位师生下放到苏北涟水县。我被分配到王集乡五星三社第六生产队，住在农民家里，实行"三同"（同吃、同住、同劳动）。农学系的李忠平、畜牧系的陈杰都是跟我一届的，和我一起下放。

当时涟水县是个非常贫穷的县，温饱问题没有解决。我永远不会忘记下乡的第一个晚上，由于住户尚未落实，暂住在生产队的牛房里，木板上铺了一些干草，与牛为伴，黑咕隆咚，五味杂陈，我辗转反侧难以入眠。晚餐是高粱米饭，难以下咽，当时我只有一个想法，无论如何也要咬紧牙关挺过去。

关于"饿"的记忆，我终生难忘。我后来住在一个生产队长家里，每天三顿玉米稀饭，有时在粥里捞到几片胡萝卜就感到高兴。每月到乡里开会最开心，可以放开吃，不收粮票，我每次都吃得胃胀到难受为止。记得1960年，我们农经毕业班同学赴连云港东辛农场①实

---

① 东辛农场为农业工程学家陶鼎来为实践农业机械化而创建。1945年，邹秉文在联合国粮农组织（FAO）工作期间，提出农业工程师培养计划，从中国各大学中选拔20名大学毕业生赴美国攻读农业工程硕士学位，陶鼎来为其中之一。

习,途经徐州,一位女同学用粮票买了几个馒头,刚拿到手,旁边一位年轻人在馒头上吐口水,气得女同学只好把馒头扔掉。那位年轻人竟捡起馒头大口地吃起来,我们都很生气,但又无可奈何。还有每年毕业生聚餐不收粮票。我记得1961年,农经71班有位毕业生因吃得太饱,胀得难受,不能站也不能坐,只好由班上同学扶着他在大操场走了几圈才缓解。谢天谢地,这样的日子终于一去不复返了!

1958年顾焕章社员劳动手册

这半年是我一生中最艰苦的岁月,每天三顿胡萝卜玉米糊,吃不饱,还要参加劳动。我挣了130个工分(义务劳动,不参加分配),还上过河工。我曾创造过一天挖土11方的记录,受到生产队的表扬,并奖励一本笔记本。

问:从涟水回学校后,该正常教学了吧?

顾:没多久,就开展大炼钢铁运动。当时江苏省放"卫星",要成为生铁万吨省。大家都炼,停课了,我曾经48小时不下火线。在什么地方炼呢?就是现在的教工食堂位置。一排小高炉就从教工食堂那边开始,一直到现在的理科楼。本来旁边有一条水沟,沿着水沟全是高炉。把牌坊①的大铁门都拿来炼钢了,牌坊本来是有铁门的,现在没有了。结果炼出来以后不是钢而是渣,因为用焦炭加温,温度不够。但是有铁水出来了,铁水淌到容器里,一块一块的,看上去好像是铁块,后来鉴定它不行。

问:顾老师,在学校里您是很优秀的。

顾:我读书的时候也算是个活跃分子。

问:怎么个活跃法?

顾:我参加过学校广播站的工作,我是编辑兼播音员。我曾经主持过好几届学校运动会。在体育方面,那个时候我们有摩托训练、小口径运动步枪训练。学校摩托车有几十部、小口径运动步枪大概有100多支。我参加的是小口径运动步枪训练,还是小口径运动步枪射击训练班第一连连长。

另外,20世纪50年代学习苏联,高校实行"劳动卫国体育制度",要求大学生不但要上好体育课,还要为劳动就业和保卫国家做好准备。"劳动卫国体育制度"根据难度分为一级和二级,我在1958年大三时,达到一级,获得了国家体委颁发的证书。

---

① 牌坊坐落在南京农业大学家属区内,原是民国时期"国民革命军遗族学校"的南大门。

1958年顾焕章劳动卫国体育制度一级证书

逢年过节,我们都要举行舞会,元旦甚至举行通宵舞会。通宵舞会在什么地方举行呢? 就在水泥操场上面,滑石粉一打、灯光一亮就可以跳舞。我跳舞不行,跳得不好,所以每次我都是放唱片。我对音乐欣赏还有一点兴趣。

我们的毕业典礼、毕业晚会在大礼堂举行。大礼堂后来改建了,就是现在的第三学生食堂。我当时还朗诵了一首诗歌,和我一起朗诵的同学后来当了审计厅的处长。过年过节的时候会举行各种活动,特别是跨年,等到零点大礼堂里有元旦老人撒糖。另外,我们读书的时候也有各种社团活动,包括诗会、绘画等各种社团,活动不比现在差。大学生活还是很有意思的。我刚毕业留校做助教的时候,还参加了学生会的话剧团,演出过一部大型话剧,还有点小影响呢!

问:什么话剧?

顾:话剧名叫《年青的一代》。① 这部宣扬革命理想主义的话剧,

---

① 剧本发表于1963年《上海戏剧》。1963年上海戏剧学院表演系教师首演《年青的一代》,曾被改编拍摄成同名电影。剧情为:青年林育生受资产阶级思想侵蚀,一心追求个人幸福,伪造证明,从新疆逃回上海寻找工作,并且千方百计拉他对象夏倩如的后腿。在养父林坚、老同学肖继业和妹妹林岚的教育和帮助下,林育生终于认识到了错误,决心继承革命精神,回到原来的工作岗位上去。夏倩如也吸取教训,服从祖国需要,奔赴边疆。

1960年8月，南京农学院农业经济学系六一班毕业留影①
前排：潘绮萍（左4）、陈玉凤（右4）、张瑞芝（右3）
中排：杨德祥（左4）、顾焕章（右3）
后排：张先佑（左1）、刘文海（右3）

后来改编拍摄成电影，由当红小生达式常主演，在全国影响很大。我们自己排自己演，演出很成功，还被有关部门选中，为南京军事学院留学生专门演出了一场，受到好评。我记得当时就在学校大礼堂演出，军事学院的领导和外国留学生（大都来自非洲和拉丁美洲）来了不少人，演出现场有翻译人员，同声传译对白。这部剧的演员大都毕业离校了，在校的只有三位。我在剧中饰演老厂长林坚；另一位演员是植保系的杨莲芳教授，她在剧中饰演娇小姐夏倩如；还有一位演员

---

① 杨德祥、陈玉凤、刘文海、顾焕章四人在南京农业大学；张瑞芝在扬州大学、张先佑在福建省，潘绮萍在南京。

1959年7月摄于南京农学院,顾焕章和赵德兴(左)合影①

是原财务处的郭秀华,她饰演一位革命老奶奶。还有当时校宣传部的仇文干,也一直参与策划和指导。如今半个多世纪过去了,但当时的情景,仍然记忆犹新。特别是剧中主要人物肖继业的一段励志独白,我曾在不同场合朗诵过,现在仍没有忘记。他说:"我们勘探队员的生活,的确是艰苦的,但是我们也是快乐和幸福的,因为我们没有辜负祖国和人民的期望。昆仑山上的风雪,知道我们是懦夫还是好汉;戈壁滩上的烈日,了解我们是泥土还是真金。对于那些生活中的懒汉和逃兵,我们可以豪迈地说,当我们向后代讲述我们怎样冒着零下40度的严寒,为了寻找矿藏而走遍昆仑山的时候,他们这些人又有什么可说的呢?"这些话真是掷地有声!

---

① 赵德兴是顾焕章同班同学,赵的夫人承留荫亦为同班同学。

二、留校任教露头角

问：您为什么毕业后选择留校任教呢？

顾：可能是我成绩还可以，因为我四年大学各门考试成绩全优。当时课程分为两类：一类是考试，一类是考查。考试的成绩分为优、良、及格和不及格，考查分为合格、不合格。我考试全部是优，考查全部合格，就是全优生。我还参加了南京农学院的群英大会，这说明我成绩好。

另外一个原因是，我在读书期间帮助一些老师做过科研，帮助学校里写过一些材料，大概他们认为我能写。大学时期我在校报上发表过三篇短文：其一，《学耕田》，这是 1958 年 3 月在涟水县五星三社劳动锻炼的情景，是一篇记叙文；其二，《我们对统计工作发生了感情》，这是 1960 年在东辛农场实习时的感受，是一篇心得体会，我与陈子诚同学合作撰写的；其三，《试论自由与纪律》，是一篇议论文。大学阶段，我写过不少短文，还有诗歌和微小说，现在看来很肤浅，但我当时确有文学梦。有一次，一位当时较有名气的作家、我的表兄梅汝恺对我说，你的形象思维太差，理论思维还可以，搞文学是没有前途的。从此我也就断了文学梦，一门心思努力学习农业经济学。

当时主张我留校的两位老师：一位是刘崧生先生，他是系主任；一位是陈本焰先生，他是教师党支部书记，是会计学教授。他们两人对我非常器重。

关于是否留校，我征求过我姑父的意见，他的建议是留校。我姑父是江苏省农科院粮食研究所的所长,叫梅藉芳[①],是从美国留学回来的。江苏省农科院位于孝陵卫,离南京农学院很近。读书期间,我经常到姑父家去蹭饭,基本每个礼拜天都去,平时也会去。我问他:"我将来毕业以后做什么比较好?"当时有三个去处:一个是留校做教学工作;另一个到科研单位;还有一个到机关。这三个地方,机关我是不太想去的。然后我问他:"科研单位和教学单位哪个更好一点?"他赞成到教学单位。我受他影响,积极争取留校,最后留下来了。

和我一起留校的还有好几位。一位是杨德祥,他是我同班同学,是班上的团支部书记。我当过一任班长。当时我们班有三个领导人,叫"班三角":团支部书记管政治学习、思想工作,管理的人是组织委员、宣传委员;班长管学习,负责管课代表,每门课都有课代表;还有班主席,管生活委员、体育委员、文艺委员。一起留校的还有一位叫谢仰钦,后来调到江西去了。再有一位叫章宗礼,在学校马列室。

问:顾老师,请您谈谈留校初期的工作情况。

顾:留校以后,我在统计学教研室,主要的教学和研究方向是"统计学原理与农业统计学"。我过去在松江工作的时候对这个方面有一点基础,而且我对数量分析也很有兴趣,所以就承担这个课程的教学任务。我教了好几届,从1961年一直到1966年"文化大革命"开始。我给1965年进校的学生也上过课。"文革"期间基本不上课,但有一段时间复课闹革命,我又上了一段时间。我曾经考过统计学研究生,准备到西北农学院学习,表都填好了,准备去了,恰好"文革"开始了,就没去成,如果去的话我可能就不在南农了。

作为年轻教师,我除了上课以外,还带学生实习,包括到农村调

---

① 梅藉芳(1908—1983),江苏阜宁人,农业科学家。1929年在金陵大学农学院就读,毕业后留校任教,随后取得硕士学位。后任湖北省农学院教授,1945年去美国研究实习,1946年由美归国后就职于中央农业实验所(现为江苏省农业科学院),在作物育种学领域颇有建树。他曾任第三届全国人民代表大会代表,第五届、第六届全国政协委员。

查、参加社会实践活动。我 1960 年毕业,张景顺老师 1961 年毕业,他们毕业实习在溧水县渔歌人民公社,我就和他们一起去了。1962 年毕业留校的有周有忠,曾任副校长,现在还健在。1963 年毕业留校的是刘葆金老师,1964 年没有毕业生留校,1965 年毕业留校的是吴玉林老师,1966 年没有毕业生留校,1967 年毕业留校的是李岳云老师。他们这几届我都带过实习。

问:您带他们实习,主要做什么呢?

顾:我们主要搞统计调查。我记得当时每年都到句容、溧阳两个县搞年报。在年终的时候,每个县、每个乡、每个村都要搞生产报表,反映这一年生产的成绩等。我们老师把学生带过去,分配到各个乡,帮乡里一起搞统计调查,然后在这个基础上整理成一个统计分析报告。

问:现在经济管理学院的学生应该不下乡搞这种统计调查了吧?

顾:现在好像下去比较少,那个时候每年都要下去,一年好几次。还有一个是到江浦农场,我每年在夏收夏种的时候,都要到江浦农场去。那时候是拖拉机收割,每天要报进度,分析机械运行的情况。徐毅文跟吴玉林同届,他们那一届就在江浦农场实习,我带他们去的。

问:您带学生帮着做农业生产方面的统计工作?

顾:做农业机械化统计分析,就是对作业的进度、效率、产量等进行统计分析,每天要分析进度。基于实践之上的理论思考,我撰写了论文《关于统计学的对象》,发表在《江海学刊》1962 年第 10 期,这篇文章当时是有点影响的。我刚大学毕业,就能在这样一个比较高级的刊物上发表文章,这很不容易,即使现在在《江海学刊》上发表文章,也不太容易。这篇文章首先在经济学会年会上提出来,当时在学会上提出来的有两篇统计学文章,一篇是我的《关于统计学的对象》,还有一篇是南京大学统计学教授孙本文的文章。后来我的文章在《江海学刊》上发表,有 8000 字,是比较长的文章,这是我第一篇公开发表的论文。

1964年,我有幸参加了华罗庚在南京举办的"统筹法"和"优选法"学习班,这是华老为了把数学应用于生产工艺的一次普及活动,他把数学的应用讲得深入浅出。我记得第一堂课,他开头就说:"数学逻辑实际上人人都在自觉或不自觉地应用。早上起来,你一定先打开炉门[1],然后去洗脸刷牙,等洗漱完毕后,炉火上来了,正好热牛奶或煲饭,这是一个合理的活动顺序。如果先去洗漱再去开炉门,等待炉火上来,就浪费了时间,就是一个不合理的安排。前者是活动顺序的合理安排,就是'优选法'的逻辑。"他这一番话我至今仍然记忆犹新。一个深奥的数学原理用最浅显的语言表达出来,这才是水平。从那之后,我在数十年的教学工作中,一直以此为榜样。

问:这个时期有很多政治运动吧?

顾:是的,我1960年毕业以后就参加了"整风整社"运动。[2] 我随陈本焰教授和农经71、72班同学一起赴溧水县渔歌公社。南京农学院师生去了200多人,加上省级机关干部共数百人,在省水利厅厅长陈克天的带领下,浩浩荡荡开进渔歌公社,发动群众,整顿干部作风,历时半年多。在薛家大队,从大队长到小队长都是我们的学生,我在队部。我们去了以后,把乡镇干部的权全部夺过来,由我们掌权,乡镇干部全靠边站,我们发动群众检举揭发。现在看,这种做法是极端了一些,但是当时干部作风问题确实很严重。

摄于1964年

---

[1] 当时我们用的是蜂窝煤,晚上封炉门,早上开炉门后需5—10分钟炉火才升上来。

[2] 1960年11月3日,中共中央发出《关于农村人民公社当前政策问题的紧急指示信》(即"十二条"),同一天,中共中央又发出了《关于贯彻执行"紧急指示信"的指示》。根据这两个文件,全国于1960年冬至1961年底,在农村普遍开展了"整风整社"运动。

反"五风",就是纠正共产风、浮夸风、命令风、干部特殊化风和生产瞎指挥风。浮夸风严重到什么程度呢？前无古人，登峰造极。例如，说鱼塘亩产 1 万斤。哪能亩产 1 万斤鱼呢？还有把坟上面用青草一盖泥巴一糊，说这是堆肥。

问：为什么这么做呢？

顾：有人来参观的时候，一看一堆，好像是堆肥。有一个叫狮子山的地方，在山上面种水稻。用抽水机一道一道往上翻水，实际上是做样子。渔歌公社离县城大概有几十里路，晚上组织一些人挑着担子在山上面走来走去，然后用强光灯一打，从县城里面往这边看，大家在挑灯夜战，大干苦干，实际上都是空担子挑来挑去，做样子。

那个地方本是鱼米之乡，这样瞎折腾导致老百姓没有饭吃，我们也没饭吃。那时候吃食堂，食堂里面只有稀饭，一天三顿稀饭。用什么东西吃？用瓦钵吃，就是宜兴陶瓷做成的瓦钵。大家就喝几碗稀饭，饿得难受。很多人回来都得了浮肿病，包括我们的学生。

这股风也刮到了我们学校，当时黑墨营实习农场曾提出亩产山芋 20 万斤的口号，校报上写了一个长篇报道，还刊登了山芋藤搭架子和夜间用日光灯照射的照片。

问：亩产 20 万斤，是不可能的吧？

顾：山芋亩产能 20 万斤吗？为了增强光合作用，晚上用日光灯照射叫增强光照，还在山芋田里搭架子，像黄瓜藤架子一样，说可以长得更茂盛一点，结果几千斤都没有收到，落了一个大笑话。学农的都知道，碳氮比失调，地上的部分疯长，地下的部分就不长了。

大约 1965 年 9 月，我还去参加了"社教"，即社会主义教育运动。我在射阳呆了近一年。

问：当时南农"社教"的点在射阳？

顾：是的，南农去了几百人。我是在一个叫盘湾公社的地方，在那里将近一年，没结束就回学校了。

问：你们怎么搞"社教"？

顾：搞"社教"叫"四清"运动①，实际上就是整顿人民公社，从思想上发动、经济上整顿到组织上整顿，最后到班子的建设。我在团部，因为他们觉得我写东西还可以，所以我没有到下面生产队。绝大多数人都到生产队去了，只有几个人留在团部。在团部的人中有南京农学院宣传部副部长范乐山，他负责团部工作。最后一个阶段，"文化大革命"开始了，其后"社教"运动也受到了冲击，大家都回来闹革命了。当时我们在乡下消息闭塞，不知道外面什么情况，一回到学校，发现整个是大鸣、大放，又是大字报，一下子感觉这个世界突然就改变了。

---

① "四清"运动是指 1963—1966 年，中共中央在全国城乡开展的社会主义教育运动。运动的内容一开始在农村中是"清工分、清账目、清仓库和清财物"，后期在城乡中表现为"清思想、清政治、清组织和清经济"。

三、"文革"十年岁月蹉跎

问：顾老师，"四清"结束从射阳回来，学校是什么情况？

顾：大约 1966 年 7 月，我们从射阳回来。学校在搞"斗、批、改"，批判反动学术权威，刘崧生先生是南京农学院第一个戴高帽子游街的。

问：第一个戴高帽子游街的啊？

顾：反动学术权威嘛。说南农也有小"三家村"，即刘崧生、陈本焰、张周莱。刘崧生是农经系系主任，陈本焰是副系主任，张周莱是办公室主任。我记得在一次荒唐的批判会上，有人以刘崧生先生的笔记本中有"蒋山青，秦淮碧"的字句，认为这是为蒋家王朝招魂，并上纲上线。殊不知这是刘崧生先生抄录的元代诗人的诗句，并非他的自撰，但在当时情况下任何辩解都无济于事。刘崧生先生在"文革"期间被造反派关押在学生宿舍，经常与其他所谓的"牛鬼蛇神"一起接受批斗。他生性豁达，"文革"后并不过分介意，但有一件小事却难以释怀。在上世纪五六十年代，教授与一般职工的工资差距较大，教授二三百元，助教四五十元。刘崧生先生生性慷慨，一般外出与青年教师或学生一起吃饭，都是他付钱。然而在"文革"中竟有人贴出大字报，说他是在拉拢、腐蚀青年。对于这种恶意中伤的行为，他感到很不可理解。

问："文革"爆发，学校停课闹革命，您是什么状态？

顾：大概在 1966 年 11 月，我串联到北京。毛主席接见红卫兵，一共接见了八次，我是倒数第二次被接见的。我们去了八九个人，自发的，我们自认为是革命教师。我们当中只有一个姓刘的老师是红卫兵，因为他是中农出身，是红卫兵中的黑字红卫兵，保守派的红卫兵。当时还没有被夺权，所以他那个红卫兵还管用。有一个红卫兵带领我们，我们就可以去了。

问：您不是红卫兵？

顾：我不是。红卫兵必须是"红五类"，就是家庭出身好的。当时串联，吃饭不要钱，住宿不要钱，乘车不要钱，到处都有接待站，我们学校也有接待站，没有衣服穿可以发衣服。我们先串联到上海，然后从上海再串联到北京。从上海到北京乘火车也不要钱，反正挤上去就行了。挤到什么程度呢？整个车厢连厕所里都是人，要上厕所也不好上，没办法。那辆车也不正规，正好北京有一批被接见的红卫兵要出来，要让车，我们乘坐的火车就开开停停，从上海到北京开了五天五夜。那时是11月份，天已经很冷了，那个受罪呀！因为我们从窗子爬进爬出，农学系的陈鹤清老师穿的棉袄原本五个纽扣，到北京时只剩一个纽扣，四个纽扣没有了。

问：你们上火车是爬进去的？

顾：人太多了，只能爬。也没有吃的，车到了一站，我们到车站搞一点水喝喝。从天津开往北京途中，到静海时实在饿得厉害，我和刘某两个人下火车。我们晓得火车停的时间不会短，就跑到农民家里去，跟人家说："我给你粮票，你给我搞一点什么吃的。"人家给我们几个窝窝头，我们拿回来上车吃。到了北京以后就有得吃了，每个单位都有接待站，接待大串联的革命师生。我们住在什么地方呢？住在牛街（前门大街旁边的一条街）一所中专学校里面。我们等待接见等了二十几天，等的过程中解放军来给我们训练，因为接见的时候要走正步，训练了20天。

问：组织得还挺严密的，到了北京以后有地方住，有得吃，还有人来训练。

顾：开始我们住在大礼堂里面，暖气不行就感冒了。因为他们多数人也出去串联了,少数人留守在校内,很多宿舍空着。后来我们想了一个办法,去找他们学校的老师,问他们:"你们的宿舍空着,能不能让我们住到宿舍里去?你们将来到南京串联住到我们南农,我们接待你们。"他们一听觉得挺好,我们八九个人就住到学生宿舍了。吃饭不要钱,但吃得很简单,就是大馒头大白菜,大白菜里面也没有肉,加一点粉丝什么玩意儿,天天吃那个,吃了 20 天。但是临接见前一天每人发半斤饼干、一个苹果,因为没地方吃饭了,出去以后就等着接见。接见那天,我们半夜就出发了,然后走到长安街的东面,等五六个小时才轮到我们走到长安街,到了天安门前。很有意思,到了天安门以后大家不走了,为什么?因为大家要看毛主席。

问:看到了吗?

顾:看到了。"文革"期间,佩戴毛主席像章成为一个革命者的重要标志,像章种类很多,流行较广的如"毛主席去安源""忠字化运动""长江大桥通车""毛主席挥手我前进"等,我当时收集了 200 多枚,几十年来大部分已散失,还有 50 多枚我认为比较精致的至今完好保存着。

问:学校里面是什么情况?

顾:学校里面就是搞"斗、批、改",批了不少人。学校里面还发生了武斗,武斗最厉害的是 1967 年。军宣队、工宣队进驻以后,两派武斗的混乱状态基本上结束。结束以后叫大联合,大联合成立联合委员会,简称"大联委",然后成立"革委会","革委会"成立以后,工宣队、军宣队还在。

1967 年到 1971 年,全校都到江浦农场进行"斗、批、改",一边搞运动,一边参加劳动。我们全部集中住在那里,实际上还是搞大批判,批判修正主义教育路线,那个时候两派斗争已经结束,但是大批判还没有停止。

问:学生也在江浦农场劳动学习?

顾:学生也全在那里,学生到 1969 年才全部结束回卫岗,在江浦农场的最后一届是1969届。我记得吃饭以前先要背"老三篇"、背《毛主席语录》。在天比较冷时,"老三篇"背完以后饭都凉了。后来我们找到讨巧的办法,只背《毛主席语录》不背"老三篇"。

问:为什么?

顾:《毛主席语录》比较短嘛。最讨巧是背最短的,像"毛主席教导我们要斗私批修"这句语录,背一句话就可以吃饭了。

问:然后学校就搬到扬州去了?

顾:学校搬到扬州是1971年。我1975年才到扬州,1971年至1974年在省委写作小组。当时省委把一些大学里面,尤其是重点大学里面所谓"笔杆子"抽调到省委宣传部,成立一个写作小组,大概十几个人。我在那里面写了四年文章。

我们的主要任务是给《红旗》杂志和《人民日报》写文章。我们被分成三个组:第一组是政治和哲学,第二组是经济,第三组是文化和文艺。写作组中几个有名的人,一个是第一组的刘林元,是南京大学哲学系的教授,他现在还健在。第三组一个有名的人叫潘震宙,是南京师范学院中文系教师,后来做文化部副部长。我在第二组,实际上最后在《红旗》杂志发表的由我执笔的就一篇关于农业科学史的文章,题目是《实践是农业科学发展的源泉》。《红旗》杂志每一期有一个专栏叫《科学史研究》。这一篇是我和阎韬、刘林元三个人执笔,还有两个人参与,即李长年和胡锡文,两位老先生给我们做参谋。这篇文章写了六个月,我现在还保留着呢。当时我们有两个笔名,一个叫江虹,还有一个叫金枫。

问:到扬州以后您是到农经系吗? 因为苏北农学院的农经系和南农的农经系合并了,组建为江苏农学院农经系。

顾:因为我在省委写作小组呆过,所以1975年到扬州以后,我被安排到政工组,当时政工组组长是王树桐。政工组下设宣传和组织两个组,相当于现在学校的宣传部和组织部。我在宣传组,主要工作就是搞学习材料。

在江浦农场的时候,我也被王树桐调到政工组去搞学习材料。搞学习材料,我最担心的一点是什么,你知道吗? 就是怕有错字。学习材料都是毛主席讲话或者最高指示、最新指示,或者《人民日报》《红旗》杂志的文章,这个不会错。实际上我们做的工作就是汇编,但是不能有错字。现在可以扫描,当时不能扫描,都是铅字排版,一个字一个字排出来。排字工人拿错一个字就错了,那很可怕。如果错了一个字就不得了。

我们资料在哪里印的呢? 在 7452 厂,就是南京大学旁边部队的工厂。《毛泽东选集》就在那里印的,他们那里绝对不会印错,但是校对得我们自己来做。我很紧张,就请教印刷厂的人。我问:"《毛泽东选集》印出来怎么会没有错字呢?"他教给了我一个方法,他说:"你要有人。"我说:"人没有问题。"学校当时不上课,人有的是,我在政工组,叫哪个教师来协助我工作,他们都愿意来。那时政工组既管组织也管宣传,还是有点权威的。怎么做呢? 清样出来以后,1 个人念,3个人对原稿,30 个人拿着 30 份样稿看。3 个人监督念的人,看他有没有念错;30 个人听他念,看打出来的样稿有没有错字,那肯定念一遍就准,绝对没有问题。如果有一个字错总有一个人看出来吧,不会 30个人都看不出来,所以这个经验很好。自从我采取这个方法以后,就没有出现错字,但是这个方法要花人工。

到扬州以后,我们宣传组管什么事呢? 一是管学习材料,二是管放电影。每个礼拜都要放一场电影,都是最新的电影,而且江苏农学院的礼堂是扬州最好的礼堂,当然现在不是最好的,所以我们当时在扬州出名了,全扬州的人都希望到江苏农学院来看电影,一票难求。

我在江苏农学院做了两年政治宣传工作,1977 年招生以后,我要求回农经系当教师,于是就回农经系了。然后 1979 年南农复校,搬回南京了。从扬州回来恢复的第一个系就是农经系。

问:当时搬迁的情况您还有印象吗?

顾:当然记得了,当时没什么东西,就是一张床,我唯一的财产是五斗橱,橱还是我爱人从她家里带来的东西。床是学校的,板凳也是学校的,我现在还留着三张学校的板凳做纪念,上面都有号码。回来时,就像下放的人从农村回来差不多。我们去的时候也像下放,东西一拎大客车一拉就走了。

刚回来时,主楼还没全部收回,好多外单位占领了校园,甚至还有卫星地面站。最早占领南农卫岗校园的第一批人是谁呢?是文艺单位。我们1971年到扬州以后,文艺界在这里搞"斗、批、改",他们也每天开会、批判、搞劳动。文艺界的人劳动肯定不行,所以那时候形容文艺界的人在这劳动,戏称"黛玉葬花""董永锄禾"。然后省委党校搬来,我们要感谢省委党校,它来了以后别的单位就进不来了,给我们保留了一个较为完整的校园。如果是小单位进来,恐怕很难迁走。由于校园内有些被占的校舍尚未归还,农经系教师和行政办公室挤在主楼二楼有两三年时间,直到校舍归还才搬到教二楼。

问:不过南农有些地方还是被占了。

顾:反"右""拔白旗,插红旗""大跃进""文化大革命",从1949年到1979年30年间的政治运动,我大部分都经历过。我感觉在政治运动里面把握自己的方向很不容易,当时我就下定决心,我不祈求在这里面抛头露面,我绝不捞什么好处。但我也不能挨整,我要密切地注意阶级斗争动向,要掌握自己,避免被批判。我不想做动力,我也不想做批判的对象,所以一路半逍遥状态走过来。

"文化大革命"因为反复太多,只要你有私心,你一定会掉进去。如果你想从中捞取什么,这次没看准,下一次运动又翻过来,你认为看准了,然后你就表演了,但再翻过来,你就挨批斗了,反复太多。所以,"文化大革命"中有句话就是"受蒙蔽无罪,反戈一击有功"。有的人总是受蒙蔽,其实他不是真正受蒙蔽,而是想从中捞取什么好处,表现一下自己,那下一次就轮到他被批判了。

那时我看了很多书,特别是在省委写作组期间。我们开始在建邺路那里的省委党校,虽然省委党校已经停办,但校内图书馆对我们开放。省委宣传部的图书馆也对我们开放,别人不能进去,我们可以看任何书。我和蒋青萍去北京《红旗》杂志社送稿改稿时,住在沙滩北街2号中宣部大院内,那里面也有个图书馆,我们都可以随便看书。所以那四五年里我看了大量的书。一个是本身写作的需要,另外一个是反正空闲,没有事。

"文化大革命"时期我基本上没有做积极分子,我也没有被批斗,当时我也还年轻,基本上处于这个状态过来的。

问:顾老师,您在频繁的政治运动中能看透,很有智慧。

顾:1967年10月,中央号召要复课闹革命,我自告奋勇,我愿意参加教育革命调查,也就是搞调查研究。我带了几个学生在江浦汤泉人民公社住了大半年,去帮他们搞"四五"规划,从测量开始,测地形地貌,去规划一个大队怎么发展经济,发展生产。成立"革委会"时我回来了,两派斗争的时候我基本上不在。后来我和王万茂等老师带了一帮学生,到外面去调查。我们到洪泾大队,就是学"毛选"的模范大队去调查过,到上海农村也调查过,了解了不少农村的实际情况,收集了很多材料。

总体上来说,在我事业刚刚起步的时候,"文化大革命"开始了,1966—1977年,也就是30—40岁这个黄金时期,我在学术上是一片空白。

四、学术研究硕果累累

问：顾老师，"文化大革命"结束后，您进入学术成果产生的旺盛期，请您讲讲科研工作，有哪些成果以及如何获得的？[①]

顾：我在科研方面做的工作，如果说有一点成绩，大概在三个方面。第一个方面就是农业技术经济，这方面我们南农做得比较早，从我的老师刘崧生先生就已经开始做研究了。我们强调什么呢？农业生产要讲究经济效果，就是任何技术措施必须能够增产，而且要能够增收，这个才有意义。这个思想刘崧生先生一直有。在"文化大革命"以前，我们就开始了研究工作，但是没有做深入的调查研究。"文化大革命"一开始就受到批判，叫做"经济主义"，讲经济效果就是经济主义，经济主义就是反对政治挂帅。当时的口号是"抓革命，促生产"，要政治挂帅，怎么能讲经济效果呢？因此刘崧生先生这个研究思路刚刚开始，就受到批判夭折了。"文化大革命"一结束，刘崧生先生就把这个问题提出来，大概是1978年的时候，农经系成立了一个技术经济教研室，我是教研室主任，张景顺是副主任。

我在技术经济研究方面的第一篇论文《太湖地区耕作制度经济效果初探》，发表在《群众论丛》1981年第1期。《群众论丛》也就是《江海学刊》，因为《江海学刊》在"文化大革命"时中断了，"文化大革命"以后才恢复，一开始叫《群众论丛》。这篇文章有两方面的价值：

---

① 顾焕章的主要学术成就，可参见《江苏社科名家文库·顾焕章卷》，江苏人民出版社，2015年6月第1版。

第一个方面,运用生产函数这种数量分析模型来分析耕作制度,也就是用边际分析方法来分析耕作制度的经济效果。应该说在中国我们做得比较早,我不能说没有更早,但是我没有看到。从方法论角度应该说有所创新,这是理论上的意义。第二个方面,为江苏农业种植制度"三改二"的政府决策提供了理论依据。20世纪70年代,苏南地区特别是苏锡常地区,百分之九十几都是双季稻三熟制,就是两季稻加一季麦,这个产量比稻麦两熟制要高一点。所以有的人极力推崇这种耕作制度,认为双季稻是"革命稻"。我们调查了太湖地区也就是苏锡常地区13个县10年的资料,最早是1978年在无锡调查,调查了三年,1980年写出文章,1981年在《群众论丛》第1期发表。我们最后的结论是:第一,这种双季三熟制耕作制度虽然使农作物有所增产,但增产幅度并不大,而且米的品质下降了。第二,用工用本用肥大量增加,增加的收益抵偿不了增加的投入,而且这种耕作制度造成地力衰退、生态环境破坏。因此从经济效果的角度来讲,得不偿失,那么,这种耕作制度不是一种很好的耕作制度,应该要改变。这个结论和当时推行的政策不一样,引起一场辩论。当然这不仅仅是我这篇文章的功劳,不敢贪天之功,但这篇文章至少有具体分析,而不是抽象的一般的议论。

问:必须有科学的方法去验证。

顾:因为有实际的数据、量化的分析,这篇文章引起的反响比较大,所以后来双季稻制度很快就改变了。后续成果还有《江苏省太湖地区昆山县三熟制比例经济适合点问题的探讨》,刊载在《南京农学院学报》1981年第9期。1982年在全国性刊物《农业技术经济》上发表《徐淮地区施肥经济效益探讨》。关于耕作制度的研究,1984年获得江苏省社会科学成果二等奖。我的一系列文章都是围绕农业技术经济问题的,在全国产生了较大的影响。

还有一篇比较有代表性的文章《农业科研投资重点确定的经济模型研究》,发表在《南京农业大学学报》1994年第2期。这篇文章利

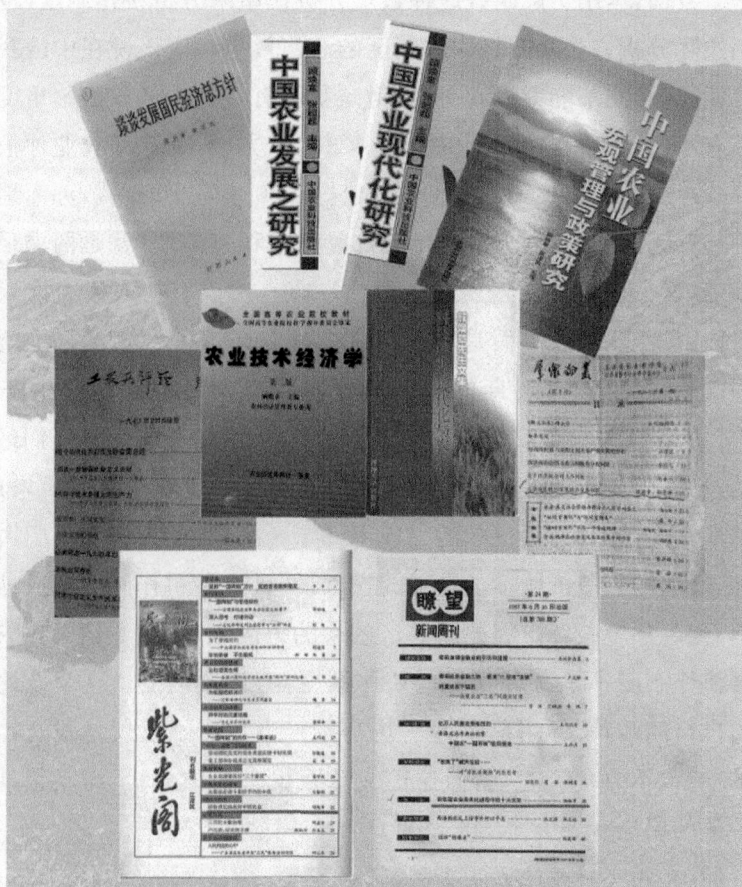

顾焕章出版的著作和发表的文章

用经济剩余原理建立了模型,实际上是定积分模型,然后研究投资的经济效益大小并进行比较。文章比较长,大概万把字。这篇文章为什么水平比较高呢?当时我们的学生樊胜根也在做这方面的研究,他是在印度尼西亚做的。当时正好回国了,他介绍他们研究的情况,我们几乎与他们同时做的。他的研究在国际上是比较先进的,就是用这种方法来分析农业科研投资经济效果。所以说我的这篇文章在研究方法和研究领域方面有创新。

问：您在国内农业技术经济研究领域做了开辟性的工作。

顾：这个学科过去在中国没有，国外有一个相近的学科叫农业生产经济学，偏重于微观分析、农场管理分析、生产函数分析等。我们把这套生产函数方法运用到技术经济研究领域，这个大概我们南农做得比较早吧，但不是我们一家做，中国农科院、北京农业大学也做了不少工作。我在1991年承担了农业部"八五"重点研究课题"农业科技利用的技术经济研究"，有五所院校参加，除南农经贸学院外，还有北京农业大学农经学院的贺锡苹、华南农业大学经贸学院的温思美、华中农业大学经贸学院的沈达尊、浙江农业大学经贸学院的老师等参加了研究。

1994年摄于杭州中国农业科学院中国水稻研究所
中排左3起：张景顺、袁飞、朱希刚、沈达尊、顾焕章、黄季焜

《投入产出合理阶段分析的一个附加条件》是1984年发表的一篇文章，刊载于《农业技术经济》1984年第2期。这是我与南农数学教研室主任陈志渊教授合作的一篇论文，主要论述在投入产出分析中，纯收入最大的资源投入量存在于生产函数的第二阶段，要有一个附

加条件即纯收益的非负性。此文发表后曾经引起同行的关注。此文的现实意义有三：一是经济命题如果能通过数学逻辑论证，就更具科学性和说服力；二是经济问题首先要进行经济分析，数学论证是手段，不能本末倒置；三是经济学家应当具备一定的数学知识，如果不足，可以与数学家合作，以期互补。就像技术经济研究，研究者应当懂一些相关的技术，不可能精通，但可以与技术专家合作完成项目，这可能是一种常态。

我是中国农业技术经济学会发起人之一。20世纪80年代，有一次在安徽开农业经济学会会议的时候，大家酝酿成立了"中国农业技术经济学会"。中国农业技术经济学会刚开始隶属于农学会，20世纪90年代分离出来成为一级学会，会长当时是北京农业大学的安希伋教授，他和刘崧生先生是同代人。刘崧生先生当副会长，后来我当副会长，现在周应恒当副会长。会长一般都是农业部或者中国农科院的人担任。中国农业技术经济学会每年都开一次年会，最近这几年我年纪大了不大参加了。

2019年9月摄于合肥
左起：朱晶、朱希刚、顾焕章、万广华

2019年9月，在合肥召开中国农业技术经济学会第十次会员代表大会，我受邀参加了。我和朱希刚教授还应黄季焜之邀，参加了一次学会部分中青年学术骨干的小聚。大家在热烈而又亲切的气氛中回望过去，畅想未来，纵论古今，谈笑风生，我也深受感染，谈了自己人生的点滴体会。看到了这些有思路、有情怀、有担当的新的学会中坚力量，我深信农业技术经济学会和农林经济管理学科的前景，一定会更加灿烂。

另外，1990年我还担任过全国统编教材、教育部"七五规划"教材《农业技术经济学》的主编。这本教材在1997年获得农业部教学成果奖一等奖、国家教委教学成果奖二等奖。我排名第一，张景顺、褚保金、徐翔等老师都参加了，我报了五个人。那一年我得了两个国家级二等奖，一个是这本教材，还有一个是"高层次农业经济管理人才培养的研究与实践"。我可能说得有点过，就是感到自豪，同一年得两个国家级奖且都是教学成果奖，恐怕是少有的。

1997年顾焕章获国家级教学成果奖获奖证书

问：《农业技术经济学》教材应该是奠基之作了。

顾：我是第一任主编，第二任主编是褚保金，第三任主编是孟令杰，孟令杰是我的研究生，现在到南京理工大学工作了。第四任主编，即现在的主编是周曙东，这本教材一直到现在都在用。我是主审，他们是主编，这是农业技术经济学的全国统编教材，应该说在全国教材建设方面我们还是有影响力的。所以，从研究成果、学会的建设、教材的建设几个方面来说，我们还是做出了一定贡献的。

问：顾老师，您研究的第二个方面是什么？

顾：第二个方面是关于农业现代化。我在《中国农村经济》1997年第7期上发表了《论面向21世纪我国农业现代化进程中的十大关系》一文，后被《紫光阁》转载。

问：这篇文章被好多刊物转载，影响很大。

顾：被《新华文摘》转载以后，很多刊物转载，其中最重要的刊物是中南海的《紫光阁》。这篇文章是我对农业现代化研究20年的总结。在国内我较早研究农业现代化问题，从20世纪70年代末我就开始涉足农业现代化研究。1978年，我在省委宣传部刊物《工农兵评论》上发表了《加速农业现代化，促进农业高速度发展》一文，对农业现代化的概念、意义和内容做了比较全面的阐述，编者大概认为比较重要，放在卷首。

问：是刊载在《工农兵评论》1978年第9期的第一篇文章。

顾：这个事比较早，在党的十一届三中全会以前，具体是在1978年2月，我和章宗礼合著出版了《谈谈发展国民经济总方针》，这是应江苏人民出版社经济室主任张渭英之约撰写的。背景是粉碎"四人帮"以后，拨乱反正，要重视发展经济，强调发展农业的重要性。1977年，张渭英约我写一本论述农业及其发展的书籍。我们大约花了一年时间完成书稿，经多次修改，终于在1978年出版。书里面有一节专门讲农业的根本出路在于现代化，在于机械化。这本书在语言表达方面难免有时代的烙印，如关于"农业学大寨"的论述等，但对于农业基础作用的阐述，其基本观点是成立的。那时书很便宜，这本书定价只有一毛五分钱。

1980年，我主编了《农业现代化问题》一书，参编有六七个人，包括当时南京农学院的宣传部部长顾振鸣。这本书主要论述农业现代化的标志是什么,目标是什么,怎么去实现? 特别是对发达地区农村经济发展问题进行深入研究,提出了新的观点。

从 1978 年到 1997 年,我对农业现代化问题研究了 20 年,1997年发表了《论面向 21 世纪我国农业现代化进程的十大关系》一文。一是把我对于农业现代化研究的想法做一个归纳,二是我感觉农业现代化进程碰到很多矛盾和问题,需要通过政策、制度的完善加以解决。这篇文章全面系统地阐述了我国农业现代化的理论与实践问题,提出解决中国农业现代化问题要处理好十个方面的关系,包括土地生产率和劳动生产率、经济效益与生态效益、物质投入与科技投入、生产手段现代化与制度现代化、农业产业化与农民组织化、政府主导与农民主体等十大关系。当然,我认为这十个方面的问题是比较主要的问题,实际上农业的问题远远不止这十个方面。现在又过了 20 年,这些问题还依然存在,至少我对这些问题提出了一些思路,如农村工业化、农村城市化的问题等。

问:顾老师,是什么样的契机让您关注中国农业现代化研究的呢? 或者说您在做研究的过程中,是怎么样抓住社会的热点,去发现问题然后去解决问题呢?

顾:农业现代化研究需综合各种因素来考虑。一个是当时日本、美国、苏联农业现代化水平已经比较高了,在国外已经是一种潮流。当时国外的农业现代化大概有三种类型:一种类型像北美的加拿大、美国,大洋洲的澳大利亚,这些国家是以大规模机械化为主,有大型的拖拉机——康拜因等,苏联也是这样。另一种类型是集约型的,像日本这些亚洲国家,属于人多地少的国家,机械化偏重于园艺式的、小型的、万能的、多用的,适合于家庭农场。还有一种类型介于两者之间,像欧洲,有大型的也有小型的。我国实际上两种都有。解放初期苏联帮助我国建设的是大型的,例如东北地区的国营农场,规模很大,一个条田几百亩,采用大型的康拜因,拖拉机是苏联的。南农江浦农场,拖拉机也是苏联的。这种大规模的机械化从 20 世纪 50 年代就已经开始了。但是像苏南地区,本来就有精耕细作的传统,农户经营规模也比较小,就不适合搞大规模农业,所以最早江苏引进的是日本的模式,无锡在"文化大革命"还没结束就开始引进了。当时无锡东亭公社百分之八九十都是机械化的水稻,引进日本雅马哈整套的水稻耕种机械,包括育秧、插秧、收割、脱粒等,全部机械化。"文化大革命"期间,我们曾经调查过江苏 10 个生产队。基于国外的经验与国内的典型实践,大家也看得很清楚,农业不搞现代化、不搞机械化永远摆脱不了小农经济、小生产,也很难使农村走向富裕。这一点当时没多少争议,中央也开始号召全国要实现四个现代化。

关于农业现代化当时的一个基本框架是"小四化",就是机械化、电气化、水利化、化学化。从宏观的角度来看现代化,它仅仅是生产手段的现代化,如果站在更高的角度来看,现代化应该包含四个方面。第一,生产手段的现代化,就是生产工具的现代化,这是很重要的。因为没有生产手段的现代化,就还是小农生产,劳动生产率不可能提高。这是最基础的一步,但仅仅有生产工具的现代化还不够,还必须与组织体制配套。这就是第二个现代化——制度现代化,包括微观的制度,例如企业化的组织、市场化的组织;也包括宏观的制度,例如土地产权制度、农产品流通体制、农业投资体制之类。没有制度的现代化,生产手段的现代化很难生根下来,二者相辅相成。第三,还要有现代化的大市场、大工业、大社会,即社会现代化。如果还是就农业本身来谈现代化,是实现不了农业现代化的,必须要有工业的配合、城市的配合、城乡一体化,这样才能实现现代化。第四,观念的现代化,这是更高层次的现代化,属于意识形态领域。首先思想要解放,如果思想还是保守的,就像一家大的企业用小生产的方式去管理、用小农思想指导,那肯定要失败。实际上不光是农村组织,学校又何尝不是如此。我看现在很多大学水平的差别,不是楼盖少了,楼盖得都不差,实际上是思想观念的差别。

问：这是您研究的第二个方面。第一个方面是农业技术经济，第二个方面是农业现代化，第三个方面是关于什么呢？

顾：主要是关于农业经济管理方面。包括土地问题、农村的组织形式等，我们做了一些调查，也提出了一些模型。其中搞得比较好的是周曙东，他是农经 77 级学生，1978 年 3 月入学，入学时只有 17 岁。我是"文革"结束后第一次为这届学生讲授"农业技术经济学"课程。周曙东硕士毕业后留校任教，曾去牛津大学进修一年，后来跟我读博士，博士读到一半的时候，德国诺曼基金会有一个出国学习的指标，我推荐了他。他在德国吉森大学获博士学位，回国后又在南农做博士后，我是他博士后导师。他博士后做了整个农业经济的宏观模型研究，是一个动态模型。以往的很多模型都是静态的，静态的模型有什么缺点呢？条件一改变，模型就没用了，所以要建立一个动态模型。

现在因为电子计算机的应用，再复杂的模型解起来也不困难。但以前很难的，那时只有手摇计算机。我们帮江浦农场搞了一个规划，我记得数学教研室主任陈志渊教授和我们一起去搞的。大概有十几个未知数吧，搞的是线性规划模型，当时多少人算了多少天呢！现在软件都现成的，输进去几分钟结果就出来了。但是我觉得还是应该了解它的原理，不能光依靠模型，尽管不一定动手去算。因为应用不一样的模型，结论、结果是不一样的。模型是一种工具，我经常给研究生这样讲："对我们搞经济学的人来说，包括农业经济，包括技术经济，第一位还是经济，数量分析、数学模型是我们的工具，我们不能反客为主，为模型而搞模型，那就舍本逐末了。因为最好的模型也是近似地反映现实。"

另外，做研究，我有个态度，认为"没有调查就没有发言权"。20 世纪 70 年代中期，"文革"刚结束，在刘崧生先生指导下，我们对江苏省 10 个高产量低成本的生产队以及农业机械化试点单位无锡东亭公社进行了调研。原来设想这 10 个队一定是机械化水平和劳动生产率比较高的单位，调查结果令人大跌眼镜，这 10 个队都是人畜力为主，不搞机械化。原因很简单，人力密集型有利于精耕细作。当时生产门路狭窄，人工价格低廉，而机械成本很高，只有多用人力，才能降低生产费用。东亭公社的水稻机械化在政府支持和日本援助下水平很高，引进全套日本雅马哈设备，从整地、插秧、水肥管理到收获，都实现了机械化，但是很难推广。当时有一位农民对我说："机器在田里干，我们在田头站，不能拿钱买清闲。"所以，在地少人多的地区，当农村劳动力没有转移出去以前，农业机械化是很难实现的，而且当时工农业产品比价不合理。我记得宜兴生产资料门市部的一位负责人说："拖拉机一个零件要农民两担大米的钱，机械化也太贵了，花不起。"后来苏南乡镇企业迅速崛起，劳动力有出路了，农村经济富裕了，农业机械化才迅速发展起来。所以，凡事不能想当然，一定要深入调研，弄清前因后果，才有发言权。

问：因为成果突出，您获得了中华农业科教奖。

顾：中华农业科教奖级别比较高，全校只有两个人获奖，一个是我，一个是盖钧镒。我和盖钧镒院士颇有渊源，他家在上海愚园路，靠近中山公园，我母亲和妹妹也住在愚园路，我回上海常常去他家，特别是"文革"期间，我们经常在一起纵论时事，交流看法。1998年，我和他同获中华农业科教奖，获奖金5万块钱。20世纪90年代，5万

块钱的奖金很厉害了。2013年我评上"江苏社科名家"拿了20万奖金,那时候5万实际上比2013年的20万多多了。这里面还有个有趣的事。我当时没好意思去财务科领钱,就让我爱人去领,结果她回来告诉我,盖钧镒坐在对面,他们两个人面对面地、笑眯眯地数钱。

问:顾老师,祝贺您获得中国农业技术经济研究终身成就奖,请谈谈您的获奖感受。

2018年12月,顾焕章喜得"中国农业技术
经济研究终身成就奖"

顾:2018年岁末,中国农业技术经济学会在长沙召开的年会上授予我"中国农业技术经济研究终身成就奖",我感到特别高兴。这是因为:其一,该奖是对我一生从事技术经济研究的肯定,我已年逾八旬,已离开科研第一线多年,但人们还记得我,确实令人高兴;其二,中国农业技术经济学会是全国性的一级学会,具有一定的权威性;其三,也是最重要的,我过去获得的多项国家级和部省级教学、科研成

果奖,都是我申报的,经过层层评审确定的,唯有这个奖是在我不知晓的情况下评选上的,因而更具有客观性和公正性。肯定有人提名,不提名不可能评我,提名的人没有告诉我,到颁奖的前两天学会才告诉我获奖了,所以我毫无准备。本来安排我去领奖,因天气冷我就没去了,是我的学生孟令杰帮我把奖牌领回来的。这不仅是我个人的荣誉,也是我们南农以及曾经和我一起参加研究的团队的荣誉。

问:目前为止有多少人拿到终身成就奖?

顾:这是改革开放40年来第一次评,仅有两人得奖,另一个是朱希刚,曾任中国农科院农经所的所长,也是南农校友,他1963年毕业于农机系,我们是好朋友。

五、忆恩师薪火传承

问：您受业于我国著名的农业经济学家刘崧生先生，他为南农农业经济学科与教育事业发展做出过重要贡献。刘崧生先生对您产生过哪些影响呢？

顾：对我影响比较大的，当然首先是刘崧生先生，他在中国农经界是有口皆碑的，没有人对他不称道。他是中央大学农业经济学系毕业的，1945年抗战胜利以后，到美国留学，在康奈尔大学、威斯康星大学和明尼苏达大学都学习过，最后在明尼苏达大学获得农业经济学博士学位。1950年他毅然决然地回国，效力于我们农经系。[1] 他当时完全可以留在美国，他的同学也曾劝他到联合国粮农组织（FAO）去做官，他不去。他有个中央大学研究生的同学叫谢森中，当时是台湾地区"中央银行"董事长，叫他到台湾去做官，他也不去。我觉得这很了不起，说明刘崧生先生很爱国。

他在1954年当了副系主任，当时系主任是刘庆云[2]先生，刘庆云先生是英国牛津大学毕业回来的，也很有名，是中央大学民主党派的

---

[1] 刘崧生1950年在南京大学农经系工作，1952年院校调整后，到南京农学院农经系工作。

[2] 刘庆云（1904—1975），安徽合肥人，著名农业经济学家。1930年毕业于中央大学农学院农业经济组，1936年毕业于英国牛津大学研究生院。1942年，中央大学农业经济组改为农业经济系，刘庆云回母校任该系教授兼系主任、总务长，成为中大农经系的主要创建人。曾任浙江大学、中央大学、南京大学教授，中央大学农经系主任，南京大学农经系主任、总务长，南京农学院农经系主任。

约 1999 年摄于南京农业大学金陵研究院，图为谢森中校友
回南农访问
左起：顾焕章、朱立宏、原葆民、谢森中

教授之一，他是民盟的。他年龄比较大了，不大问事，所以系里的主要工作由刘崧生先生负责。1963 年，刘崧生先生担任系主任，一直当到 1984 年初我接任系主任，所以他差不多当了 30 年的系主任。

农经学科发展经历过许多曲折，在 60 年前，全国农经学术界开展了"拔白旗，插红旗"批判卜凯及其门徒的运动。1958 年 8 月，中国农科院开了 20 天的全国农业经济讨论会，主题是"拔白旗，插红旗"，对"帝国主义分子"卜凯及其门徒的资产阶级学术思想进行全面揭发和深刻批判。《人民日报》以"农业经济科学讨论会上高举革命红旗挖掉反动农业经济学的老根"为题，详细报道了这次会议。南农农经系也召开了批判会，我们大二学生参加旁听。当时被批判的"白旗"是系主任刘庆云教授，他曾经认为卜凯的理论观点是错误的，但是卜凯的研究方法和资料还是可用的。我记得当时批判的理由是：立场、观点、方法是统一的，而且，立场决定观点和方法，认为刘庆云先生实际上是在为卜凯的资产阶级理论辩护。同时被批的还有孙祖荫教授，批他的理由已经记不清了。因为反"右"运动已经结束，所以对被批判者没有戴政治帽子。如今 60 年过去了，是非早有公论。

20世纪60年代初,刘崧生先生负责主编了中国高等院校农业经济专业通用的第一本统编教材《社会主义农业经济学》,这是全国统编教材。"文革"期间,北京有一批人,包括北京农业大学的一些学生,成立了一个叫做"砸烂农经系"的联络站,主张农业经济系就是搞修正主义,要把这个专业取消。刘崧生先生当然不同意,他恢复工作以后,和我们一起专门编了一个小册子,说明农经专业和学科的重要性、必要性,这也是他的一个贡献吧。因此可以这样评价,他是中国现当代农经学科的开创者、奠基人,是很了不起的人物。"文革"中,他受了这么大的冲击,"文革"刚结束甚至还没有完全结束,他就全身心地投入招生筹备和教育改革工作。我一生中,最崇拜的人就是他,他对我很好,也很提携,没有他的提携和培养,我也不可能有今天这小小的成就。

问:刘崧生先生在农经界声望很高。

顾:因为学术圈的人,每个人都是有个性的,农经界也如此。农经界的人权威很多,像北京农业大学的安希伋教授、华中农业大学的沈达尊教授、西北农林科技大学的万建中教授(曾任西北农学院院长),他们都是农经界有名的人,他们对刘崧生先生没有一个不佩服的。刘崧生先生对农经界的团结和全国农经队伍的建设,可以说起到了重要的或者关键性的作用。刘崧生先生做学术和做人都是楷模。他1994年12月去世,在他去世以后,我们这些弟子为他做了三件事。第一件事就是树了一座碑,在他逝世三周年之际塑了一尊铜像。

问:就是在经济管理学院门口的铜像?

顾:对,这是树碑。塑铜像不容易,要经过批准,不能随便塑造。铜像揭幕的时候谁来的呢?有我们的老校友、时任省委副书记孙颌先生,南农的管恒禄书记,我,还有谁记不得了,一共四个人揭幕。第二件事是立传，出了一本书，叫《勉力奋耕——农业经济学家刘崧生》[1]，是"当代江苏学人丛书"中的一本。其中有一篇我写的纪念文章《为了永久的纪念——追忆刘崧生先生》。还有王荣写的文章，王荣是他的博士生。第三件事是设基金，设立了"刘崧生农经教育发展基金"，刘崧生奖学金到现在还在发。概括而言，就是树碑、立传、设基金。

问：这三件事情很有意义，可以弘扬刘崧生先生的光辉业绩。

顾：我担任的很多学术职务，都是继承他的。

问：您曾任的重要学术职务有十多个。

顾：对，这些学术职务大部分都是他的职务，然后由他移交给我的。其中有几个职务是比较重要的，第一个是国务院学位委员会农林经济管理学科评议组召集人，他是第二届学科评议组召集人。第一届没有设立农经学科评议组，第二届他就是召集人。第三届（1992—1997年）我是组员，召集人是南农校友、我的学长、沈阳农业大学校长朱道华先生。我是第四届（1998—2003年）学科评议组第一召集人[2]，从第四届以后的第一召集人一直是南农人担任。第五、第六届第一召集人是钟甫宁，第七届第一召集人是朱晶，这就是传承嘛！这是个很重要的职务，决定哪个学校能设立博士点。关键是国务院学位委员会学科评议组召集人，由京外的人担任的很少，基本上都是京内的，这也充分说明刘崧生先生在农经界的权威性，而南农能够接班接下来，也说明大家对南农农经学科的认可。

第二个职务是全国高等农业院校农业经济学科组负责人、教学

---

① 《勉力奋耕——农业经济学家刘崧生》，南京大学出版社，2003年1月第1版。

② 农林经济管理学科评议组第四届开始设两位召集人，顾焕章为第一召集人（组长），赵冬缓为召集人（副组长）。

指导委员会委员,他是负责人,后来我是负责人。教指委主要评审决定委托谁主编全国统编教材,最后由农业出版社或者教育出版社来出版。

再就是中国农业经济学会,刘崧生先生是副会长,后来我继任副会长,再后来是钟甫宁,钟甫宁以后就不是我们南农人担任了。

还有农业部科学技术委员会,刘崧生先生那时候年纪大了没参加,我是农业部科学技术委员会委员,当农经组组长。这个职位也很重要,科技进步奖就是由科学技术委员会评选的。

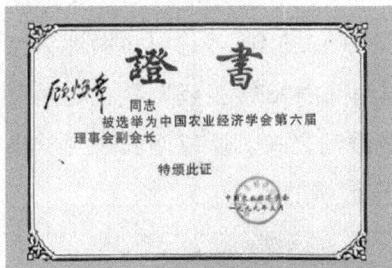

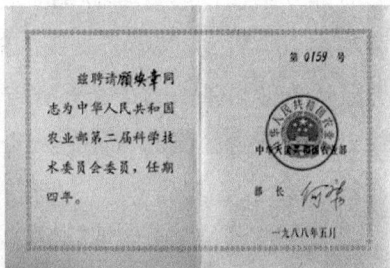

综合起来,农经学科的建设、教材的建设、学会的建设、科技项目的评审,南农人都当过组长。

我还担任教育部全国重点学科评委会管理学科评审组副组长,组长是西安交通大学副校长汪应洛。这不光是农经学科,包含全国的管理学学科。

还有一个职务——中国农经系主任联谊会,刘崧生先生是第一任会长,我是第二任会长。现在不知道这个联谊会还有没有,保留了相当长时间,钟甫宁之后还一直在活动。

我还要谈谈南农在江苏省经济学界的地位。刘崧生先生是第一任社科联副主席,主席是胡福明。第二任副主席是我,我当了十年,当了两届,从1989年到20世纪末。社科联是由100多个学会成立的一个联合会,起很重要的作用。我担任副主席,同时还兼江苏省优秀社会科学成果奖经济学与管理学评审组组长。上世纪80年代,经济学与管理学合在一起,后来分开来了,我是管理学组长。2003年,我不当南农农经学科带头人还参加评审组,所以差不多评了二三十年。

还有江苏省农业经济学会,刘崧生先生是第一任会长,我当时是秘书长,后来他不当会长了,我当第二任会长,第三任会长是江苏省农林厅厅长刘立仁,我当了二三十年会长。

再有《江苏农村经济》刊物,刘崧生先生是第一任主编,我是第二任主编,我主编了20多年,现在也是核心期刊。

另外,江苏省教委职称评审组,我也当过经济学学科的组长,因为有部分学校没有评职称的资格,必须报到省里评审。我还参加江苏省重点学科、优秀学科带头人的评审。1995年,我自己也被评为江苏省优秀学科带头人。江苏省省委组织部的"333工程",我也曾是评审专家。我也是江苏省委的八个经济顾问之一。所以南农农经学科在教育部、农业部和省里面都是有一定影响的。

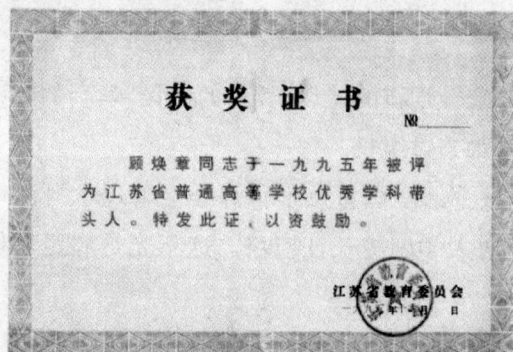

学校的内部职务基本我也是继承刘崧生先生的,他是系主任,后来我当系主任;他是全校学术委员会委员,我也是学术委会员委员。他对后辈非常栽培,真的对我影响很大。

刘崧生先生为南农农经学科奠定了一个很好的基础。"文革"以后,中国农经学科的恢复与发展的大部分工作,包括教材、教学计划、研究生的培养方案等,都是刘崧生先生主持制定的,我也参与了。正因为刘崧生先生贡献巨大,我们南农农经学科在全国的地位一直比较高。

1989 年,南农的农业经济管理学科获批国家重点学科,2001 年,学科点经重新评审再次被评为国家重点学科。南农农业经济管理学科在 2007 年第二轮学科评估中排名第一,但在 2013 年第三轮学科评估中名次掉下去了,在 2017 年第四轮全国一级学科评估中和浙江大学并列第一,A+,我很高兴,又上来了。2017 年、2018 年软科学中国最好学科排名,南农的农业经济管理排名都是第一。所以南农农经学科一直保持着领先的地位,究其原因一个就是刘崧生先生那一代人开创了一个很好的基业,在我这一辈基本上是继承保持了,到钟甫宁、朱晶他们那里,搞得更好,还在继续发扬壮大。

朱晶(左)、顾焕章(中)、钟甫宁(右)

问:还有其他印象深刻的老师吗?

顾:金融学院安放有陈本焰教授的铜像。陈本焰先生是我大学时的会计学老师,当时课程名是"人民公社会计核算",他还给了我一个"优"的成绩。他笃学守诚、诲人不倦、爱生如子,作为教师党支部书记,和系主任刘崧生先生一起,发挥了关键作用。他的知遇之恩,我至今未忘。"三年困难时期",我留校后即随同他带领农经系 71、72 班同学去溧水渔歌公社参加"整社"运动,与社员"三同"半年,他作为表率,鼓舞了我们师生能够共克时艰。"文革"时期,他由于担任副系主任,也受到冲击,和刘崧生先生、张周莱老师一起被诬为"小三家村"而受到批判。"文革"结束后,陈本焐先生无怨无悔,立即全身心投入教学改革与教材建设工作,在会计和金融学领域积极开拓进取。

1984 年我担任系主任后,积极筹办新专业,陈本焐先生对金融专业的创设作出了重要贡献。在引进人才、教材建设、课程设置、实习基地建设以及学生毕业分配等各个环节上,陈本焐先生都发挥了主导作用。尤其是他利用在财政、金融界广泛的人脉关系和资源,为金融专业的建设和健康发展,发挥了无可替代的作用。

陈本焐先生教学认真负责,讲课生动有趣,学生都喜欢听。最为感人的是,他所做的一切,事事处处,都在为别人着想,从不谋私利。记得上世纪 80 年代初,他中年丧妻,由于三子尚未成家,他一直未续弦,我曾去过他的住处,可以说他是家无长物,生活节俭。但是他对学生却是关怀备至、有求必应,尤其是每年毕业分配,他更是费尽心思,利用各种资源为毕业生找单位。此情此景,难以忘怀。

还有为"农产运销"教学科研贡献一生的许道夫教授。[①] 我 1957年就认识许道夫先生,那一年他被错划为右派。许道夫先生早年毕业于中央大学,后从英国牛津大学研究生毕业,回国后在浙江大学农经系任教,1952 年院系调整时来南农农经系,执教"农产运销"课程。他生性耿直,治学严谨,"文革"后摘帽平反恢复教职,和刘崧生先生一起招收了首批研究生,他的大弟子就是李岳云教授。他招收研究生的方向是农产运销,当时这方面的资料较少,许道夫先生此时已年逾古稀,但他根据自己积累的近百年来中国农业生产与贸易的资料,以带病之躯,呕心沥血,完成了《中国近代农业生产及贸易统计资料》

---

① 在征求书稿修改意见的时候,校友何良友因反右时奉命批判许道夫先生而感到自责,他发来微信说:"我最对不起的是许道夫老师,在'反右运动'中,我奉命批判他的'是你错辩证法',对此,他不但不恨我,相反几年后他还将他的一本著作亲自送给我。每当我看到此书如见其人。"其实这是一个时代的悲剧,在那种大潮流下,除了个别反潮流的英雄人物,大多数人只能随大流,但是我们应当尽可能地不要伤害别人,不要推波助澜。

一书的撰写,现被用做研究生的教
学参考书。

　　许道夫先生因积劳成疾,于
1989年离世。他病重期间,我和刘
崧生先生去看望他,他仍然挂念着
他尚未毕业的两位研究生,并嘱托
我帮他继续带完。我遵嘱指导两
位研究生的论文写作,最后两人均
顺利通过论文答辩,完成了他的遗
愿。他的两位研究生后来都事业
有成,其中姜葵在江苏省农林厅任
副厅级领导,刘凤军任中国人民大
学教授、博导,也可以告慰许道夫
先生在天之灵了。

1989年,顾焕章与姜葵(右)合影

　　刘书楷教授是"中国土地经济学"的创始人之一。我在南农读书
时,他是我"中国经济地理"课程的任课老师,我的记分册上还有他的
签名,这是我在大一时学习的第一门专业课。我第一次在课堂上听
到"胡焕庸线"这个名词,印象很深,当时我就感到虽然中国地大物
博,但是资源人口极不平衡,令人忧虑。毕业留校后,我也经常听到
他的教诲,特别是在我担任系领导期间,他十分支持我,时常鼓励我
开拓进取。刘书楷先生做学问的认真和刻苦,是我们的表率。他是
出了名的读书迷,常常废寝忘食。刘崧生先生曾风趣地说:"刘书楷
老师一旦与板凳结合,可以一天不分开。"刘书楷先生晚年仍然笔耕
不辍,直到年逾八旬,仍然在指导研究生和青年教师,是我们永远的
楷模。

　　大学期间有三位俄语老师给我们授课,印象最深的是周黎扬教
授。他早年参加学生运动加入中国共产党,后来脱党又成为国民党
政府的外交官,曾任驻苏联使馆武官,并和一位俄罗斯姑娘成婚,育

有一子。解放前他曾因参加过共产党被反动政府逮捕入狱,解放后他又因曾为反动官僚而被关押审查,因属于历史问题,未予追究而重获自由。20世纪50年代初,他来南农教授俄语,虽说一生跌宕起伏,但最后还是过上了安定的生活,其后来的夫人兰毓芬女士在南农图书馆工作。改革开放后,他在苏联的儿子还曾经来探亲。周黎扬老师虽历经磨难,但性格开朗,为人谦和,讲课效果好,特别是"р"的卷舌音,发声清晰,我始终学不会。他在课堂上有时也会讲到自己的经历,但从不发牢骚,有时还会讲一些俄罗斯文学和风土人情,所以大家都喜欢听他的课。由于心态好和注意锻炼,他晚年经常在校园里散步,腰板笔挺,衣冠整洁,90多岁辞世。

温文尔雅的汪荫元教授是我统计学教学的引路人。我1960年留校在统计学教研室,在汪荫元先生的指导和帮助下,1961年我就走上了讲台。汪荫元先生身材修长,为人温和可亲。他1936年金陵大学农经系毕业留校任教,曾经是卜凯的助手,翻译过卜凯的《农场管理学》,并一直具体负责卜凯开创的全国农情和物价调查统计的汇总分析工作。汪荫元先生对中国农佃关系和农产价格颇有研究,其专著出版过多种版本。他对我的统计学教学工作十分关心,亲临教室听课,给予我许多具体指导和帮助。特别感人的是他为人十分谦和,我们同在一间办公室,每次我走到他的办公桌旁,作为前辈,他总是站起来微笑着与我谈话。后来我逐步体会到他这样做不仅仅是出于礼貌,更是一种平等待人的教养,也就是对人的尊重。我发现当时农经系所有老先生都是这样待人的,我也逐渐养成了这样的习惯,即与一个站立的人讲话时,自己也要站起来,无论是对前辈还是晚辈。我也常常以此事例教育学生,一定要平等待人。

还有徐燮教授。我留校后担任"统计学原理与农业统计学"课程的教学工作。为了打好基础,我先后花了两年时间旁听高等数学课程,包括"微积分""线性代数""概率论与数理统计"等,当时主讲高等数学的是徐燮教授。他教学经验丰富,又善于表达,板书也好,把枯燥的数学讲得生动有趣，引人入胜。他还是一个和蔼可亲又个性张扬的人。有一次他在黑板上演算一个定积分求面积的例题，中间写错了一个符号，结果面积等于负数，大家都笑了。他也觉得可笑，但并未生气，还自嘲说："智者千虑，必有一失。"更引起哄堂大笑。当时教室集中在主楼，也没有休息室，每次课间休息，他就和学生在教室里闲聊，十分随和。但有时他会突然转过身去，从口袋里摸出一个苹果，自顾自地吃起来，还自言自语："补充一点维C。"大家忍俊不禁。如今半个多世纪过去了，这点点滴滴仍清晰地留在我记忆里。

1986年6月，南京农业大学农经助教进修班结业留影
前排右起：沈守愚、刘葆金、顾焕章、原葆民、刘书楷、汪荫元、刘崧生
前排左起：潘文珠、郭宗海、杨德祥

甘太昌先生，一个勤勤恳恳、和蔼可亲而又默默无闻的人。甘太昌先生和汪荫元、孙祖荫、李拐谦教授一样，是卜凯时代的农经人，数十年来一直在南农农经系担任行政管理工作。他任劳任怨，勤勤恳恳，把办公室的行政事务全部包下来。当时系里没有信箱，他每天把

报纸、信件，还有粮票、油票、肉票之类送到我们每个教师手上，还要尊称一声某某先生，当时我作为年轻教师感到过意不去，有时说一声："谢谢您，甘先生。"他会笑着说："我就是为大家服务的。"的确，他内心的定位就是为教学人员服务的，所以很坦然。"文革"时期，他年龄较大，背"语录"比较困难，"忠字化"运动时，会有人打电话要对"毛主席语录"，记得有一次他在办公室突然喊叫："你们快来接电话，我对不上'毛主席语录'了。"我们赶紧过去解围。"文革"期间，流行饮水疗法、甩手疗法、鸡血疗法，甘先生很相信。他曾说，自从打了鸡血针以后，身轻如燕，骑自行车上坡从现在的五号门到牌坊都不用下车了。大概是信则灵吧！这样一个在行政岗位上辛劳一生的人，虽然没有什么轰轰烈烈的伟业，但是在大家的记忆中都怀着感激之情，怀念这位和蔼可亲的老人。

1992年8月摄于北京，农业部科学技术委员会第五届第一次全体会议合影

六、引领全国农经教育

问:"文化大革命"结束后,特别是南农复校回卫岗后,有哪些比较关键性的节点或者事件,促进了南农农经教育的发展?

顾:"文化大革命"结束后,在西北开过一次全国农经教育的座谈会,是刘崧生先生主持的。会上确定了恢复招生以后有十多门专业基础课,这些课程第一需要编教材,第二需要培训师资。于是,在会议上就确定了各学校的分工,南农承担了比较重要的部分,大概有十门课程的教材由我们南农主编。比方说,《社会主义农业经济学》主编是刘崧生先生,《企业管理学》主编是原葆民先生,《农业区划》主编是刘书楷先生。现在五花八门的教材多了,当时各高校主要使用全国统编教材。

然后就是围绕教材培训师资,当时有好几个培训班是在南农办的,其中比较重要的一个是"企业管理"培训班。全国各农业院校,包括一部分综合性大学的老师都到南农来学习,南农老师当主讲,我也讲过课。这次师资培训班效果很好,因为"文化大革命"以后企业管理应该怎么样建立一个科学体系,建立一个适合中国情况又能够吸收国外先进管理思想的理论体系,这个问题需要解决。这个培训班办得比较好,培训效果也很好。

还有一个是全国"农业技术经济学"教师讲习班,1981年在南农举办,应该说是由我和张景顺老师主办的。"文化大革命"以后,在武汉会议上确定农经类专业要开设"农业技术经济学"课程,并委托南农首次举办讲习班。当时老一辈农业技术经济学者刘崧生、沈达尊、朱甸余、黄升泉等均参加了,实际上是一次教学与学术交流的大型研讨活动,历时一个多月,参与讲习班的人后来大都成为各院校"农业技术经济学"的首批骨干力量。当时我们培训的内容吸收了西方的一门类似的课程,叫"农业生产经济学",它主要是讲农业的微观经济分析;还吸收了一门课程,叫"农场管理学",它主要是讲农场的经营和投入产出的分析;再加上南农农经系自己的研究成果,包括我的研究成果,就是关于耕作制度的经济效果分析。当时条件是很简陋的,像西北农学院来的是黄升泉教授,他是刘崧生先生的同学,一起留美的,是很有名的教授,也住在集体宿舍里面。

问:多少人一个房间?

顾:就是学生宿舍,八个人一间。

问:很艰苦。

顾:那时候我们南农才复校不久。应该说那个培训班效果非常好,"农业技术经济学"这门课程率先引进西方经济学的一些研究方

1981年4月摄于南京农学院,全国"农业技术经济学"教师讲习班留影
前排左5为顾焕章

法。学过经济学的人可能知道,西方经济学里有一个叫边际报酬递减规律,就是当投入与产出函数在变化的时候,达到拐点以后,增加的产出抵偿不了增加的投入,也就是效益下降了,就是得不偿失了。这种边际报酬递减在农业方面有一个理论就是土地报酬递减,这个理论在"文革"中是被批判的,认为是资产阶级的,而这恰恰是西方经济学核心的理论。我们设想一下,如果边际报酬不是递减的,如果收益和投入永远成正比,那就可以无限地投入,它是一个直线方程。边际报酬递减意味着它不是永远成正比,所以才有一个最佳点。北京农业大学有一位女教授,叫贺锡萍,她在国内率先提出这个理论。她认为技术经济学应该把这个内容放在里边,作为一个主要的理论依据,这在当时是有风险的。我记得当时华中农业大学有一位教授就有不同意见,我们已经把它写在教材里了,他还在批判。所以应该说培训班的教学内容是有创新的,把西方先进的分析方法引进来,事实证明是对的,后来大家都接受了。另外,教学内容也包括我们南农自己的研究成果,比如耕作制度、基本建设投资、科研投资的经济效益分析,都放在里面。我觉得在教学内容上我们是能够把西方经济学中一些先进的理论和中国实际结合起来的,这也是创新,所以那个培训班影响很大。后来我们还办了一系列的培训班,就不一一列举了。

概而言之,在教材建设、师资培训、教学内容的革新等方面,我们做了比较大的努力。由于南农主编了农业经济专业的主要教材,又办了师资培训班,所以当时在全国的地位算是确立了,赢得了大家的认可。刘崧生先生功不可没,没有他不可能做到这样。后来,在南昌举行的全国教学研讨会上,南农是主要成员,在大会发言当中作主报告。

问:是您做的报告吗?

顾:是刘崧生先生。这是早期的情况。到了20世纪90年代,全国农业院校教学工作的一次盛会,是1996年在武汉华中农业大学召开的全国农业院校教学指导委员会学科组组长会议,我和我的博士生潘宪生参加了这次会议。我和潘宪生还特地拜访了沈达尊先生，沈先生刚搬进新教授楼，他和夫人热情接待了我们，相谈甚欢。如今沈先生已仙逝，但"达尊讲座"犹存，这也是对他最好的纪念。

还有 1995 年 4 月召开的全国农经教育改革研讨会，以及 1995 年 11 月在无锡召开的全国农业经济学科研究生工作会议，1999 年 5 月在绩溪召开的全国农经学科组会议，这些不仅是 20 世纪 90 年代农经界重要的学术活动，也是全国农经教育总结改革开放以来的成果并走向规范化的具体标志。

特别值得一提的是，对农经专业本科生和研究生（包括博士和硕士）教学计划的制定，是在刘崧生先生主持下起草的，我也参与了。最重要的一次会议是无锡会议，那一次参加的人比较多，有朱道华先生、万建中先生、安希伋先生、沈达尊先生，他们都是留美的。还有年轻的一批，当时我也算相对年轻的，王荣、刘葆金也参加了会议。这次会议讨论了博士研究生培养方案，硕士生的培养方案在 20 世纪 80

1996 年 6 月摄于武汉华中农大学，全国高等农业院校教学指导委员会学科组组长及扩大会议代表合影
朱道华（前排左 4）、盖钧镒（前排左 5）、顾焕章（3 排右 4）、潘宪生（后排右 6）

1995 年 4 月全国农经教育改革研讨会合影
前排:袁飞(左 1)、沈达尊(左 2)、顾焕章(左 3)、朱道华(左 6)、赵冬缓(左 8)

1992 摄于无锡"碧波山庄",全国农经教学研讨会合影
第二排:刘崧生(左 4)、朱道华(左 6)、顾焕章(右 1)、赵冬缓(右 2)

年代就有了。南农是主持单位，博士生培养方案的文件是南农起草的，形成文件后由农业部下发。

当时提出博士论文有四点要求，现在看来还是对的。第一，必须对前人的研究成果进行总结和综述。为什么？因为要想突破，首先要了解这个学科的前沿到底在什么地方。就像打仗一样，你还没有到前沿阵地呢，怎么突破啊，转了半天还在后方呢。我记得刘崧生先生给我讲过一个观点，我觉得很有道理。他说："美国的博士论文不一定是最高水平，但一定是最新水平。"就是说博士论文已经把文献都综合过了，前人的研究成果都已经综述了，在这个前提下再有所突破，肯定是最新的。这就要求学生对文献，对一流的文献、最新的文献必须掌握，而且要加以分析、概括、总结，形成比较系统的观点。所以我一直跟我的学生说，看文献最好多看看博士论文，因为他已经研究过了，筛选过了，综合过了，他的文献肯定都是他认为很重要的，才罗列进去。

第二，必须在理论或者观点上有所创新，不可能全部都创新，能有一个、两个也不错，但是必须有。博士论文的灵魂就是创新，没有创新，博士论文就没有多大意义。虽然真理不怕重复，但重复不是发现真理，那是人家发现的，你用你掌握的数据，去重复，又一次证明人家的观点是对的，只是那个观点不是你的。我现在看到很多博士论文就有这个问题，作者以为是创新，实际上人家早就提出来了，只是可能讲得更具体，或者用一个新的模型再认证一下，这个不能叫创新。

第三，必须采用先进的研究方法，这里主要是指数量分析方法。我们要求论文一般都要有模型，有量化分析，不能仅仅是定性的。言之有理、论之有据很重要。经济学论文没有模型就没有支撑了。建立模型进行数量分析要有大量的数据，我们特别强调有第一手的数据，因为统计数据是经过加工的，而且是平均化的，很多差异都掩盖了，所以最好要有第一手的问卷调查或者是实地调查，这个要求很重要，这也是研究方法的训练。所以有的人讲"我完成了一篇博士论文,我以后做什么论文都不怕了,我找到了方法",说这句话是有一定道理的。博士论文难就难在模型的选择上,模型千千万万,这些模型不一定是你发明创造的,但是哪一种模型最适合你的研究对象,最适合解决你研究的问题,这就要研究者自己衡量,不可以随意界定。我们在农业现代化问题上做过很多研究,后来我发现引用不同的标识量、变量,出来的结论可能是不一样的。比如用什么指标来反映农业现代化,用机械化水平、用农业基本建设投资、用机械的数量,还是用电气化的程度? 有很多指标可以反映现代化,对不同地区用不同的指标,可能有不同的结论,所以选择指标很重要。

另外,用什么模型,这个也需要研究者自己进行很好的研究、探讨和选择,不是随意的。比如函数的自变量和因变量,只要这两列数据的趋势是相同的,肯定能算出相关系数,但是可能这两列数据毫无关系。我过去讲统计学举过一个例子。美国统计学家费雪搞了一个什么模型呢? 就是太阳黑子的变化对经济危机的影响。模型建立起来了,好几个正相关,而且经过检验通过,那就说明成立了,但是太阳黑子和地球上的经济究竟有多少相关性呢? 所以我有个观点,任何一种研究方法,哪怕最先进的方法,从经济学角度来讲,仅仅是手段,不能本末倒置。我们首先要确定经济现象的本质是什么,这个是要靠定性分析的,定量是一种手段,但是没有定量不行,空口说白话也不行。列宁有一句名言,我觉得很有道理,意思是由于社会现象的复杂性,我们要证明任何问题都能找到实例。确实,找一个例子都能找到的,因为社会现象太复杂了,我觉得举例的办法也不是不可用,在统计学里叫典型调查,但要考虑到这个例子是不是恰当。如果这个案例恰恰能够反映事物的本质,那它就是有用的,如果它不能呢? 所以,没有数量就没有质量,质的区别要有量的界限。

我本来是教统计学的,"文化大革命"中也受批判了,认为我们重量轻质,唯数量论了。那时,在教学中我们也用不上什么大量的数据,可以随意讲,怎么讲都有道理,所以统计学讲得没有味道了。统计学没有大量的数据支撑叫什么统计学？我以前上课讲过一个笑话：说有一个班级健康状况调查，发现二分之一的女生都生病了，这个问题很严重，后来问一共几个女生，两个女生。因为一个事物的发生有偶然性，有必然性，从哲学角度来讲，必然性孕育在偶然性当中，只有大量的数据，它才能够把必然性显现出来，偶然性才会抵消，这就是随机抽样的原理。在统计调查里叫随机调查，随机调查必须有一定的量，经过误差分析，才能达到一定的可信度。一般如果概率小于0.5的话，叫95％以上的可信度，它才有效，它的偶然性差异才会抵消，必然性才会出来。所以没有一定的量，那说明不了问题。这个量要通过一定的公式，把特征值计算出来。最常用的特征值是平均数，但是平均数也有问题。比方用平均数反映收入水平、生活水平，如果基尼系数比较小，那是准确的；如果基尼系数很大，那平均数说明不了问题。就像把一个亿万富翁和一个一贫如洗的人加在一起平均，那有什么意义呢？平均数有时候会掩盖差异性。

第三，要有模型，不能概念化地表述。现在很多论文长篇大论，有很多辩论是毫无意义的，公说公有理婆说婆有理，就是拿不出数据来。我的那篇关于耕作制度经济效果分析的文章，之所以很被重视，是因为我有太湖地区13个县10年的资料，而且通过边际效益分析这种科学的方法来反映。假如你说我这个不对，你能再举出一个什么数据来把我这个推翻掉？是我这个数据不真实，还是我这个方法不科学？如果我的数据是真实的，我的方法是科学的，我的结论就是可信的。那个时候我压力很大，当时就有个领导说，"双季稻是革命稻"，双季稻大家都要种，百分之百要种，但我的分析结果是得不偿失。

问：您的研究结论跟当时省里政策不一样？

顾：是的。有人写文章反驳我，但他的文章都是举例子，举高产例子总能举出来的，而我的文章有大量的统计资料，而且也建立了模型，经过误差分析和相关性的检验，就说明我的研究具有科学性，是站得住脚的，是有说服力的。所以几年以后双季稻基本上很少种了。

但我不能贪天之功,当时也有其他人和我的观点一样,只不过他们没有我研究得那么细。

问:博士论文第四个要求是什么呢?

顾:第四是对当前的重大现实问题能够提出对策性建议。不能说了半天全是外国的,说了半天是全世界的,那不行,要能够解决中国的实际问题,我们研究的目的归根结底是要解决实际问题。如果都是抽象地论来论去,空对空,那这个研究的意义当然也有一点,但不大。就这一点有人不同意,说经济学只研究是什么、为什么,不研究怎么解决,我觉得这种看法有片面性。如果不回答实际问题,都是抽象的研究,研究了半天最后落实到什么地方去呢? 还要落实到实际,而且还应该经过实践的检验,实践才是检验真理的标准。所以,作为博士论文,政策性建议不能没有,不能把模型里面各个因素一分析就结束了,这个不完整。我们在无锡会议上就把这点作为农业经济管理专业博士生的要求,因为农业经济是应用科学,应用科学怎么能不应用呢? 金善宝一生就是一个品种"2419"小麦,长江中下游几千万亩地种了这个品种以后增产了,他的最大贡献就是他拿出一个品种出来了。也许我这个观点有点不合时宜,但是我总觉得我们是农业院校,我们是搞应用科学的,应该注重应用,和纯粹搞基础理论的不同。所以,我觉得无锡会议是很重要的,对全国的农业经济管理博士生提出了明确的四个方面的要求和标准,达到这个标准,论文才能通过。我们南农对这个标准的提出发挥了主导作用。

刘崧生先生在教学上有很多思想,我觉得到今天也是很有指导意义的。他提出,学农业经济要"三基四会"。"三基"是要掌握基本理论、基本知识、基本技能。基本理论指有关经济学的理论、农业生产的理论,还有农业经济相关学科的理论。理论都不懂怎么开展研究? 比方我搞技术经济学,我认为技术经济学要掌握三方面的理论:一是要掌握经济学,这是毫无疑问的,因为我们不是研究纯技术问题。二是农业技术相关的理论。我现在觉得农经专业改革改到后

1992年，顾焕章夫妇与研究生合影
前排左起：季向阳、顾焕章、任露茜、顾海英

来，是不是过于偏重经济了。我上大学时，作物栽培学、畜牧学、生物学、微生物学都要学，我还学了物理学、化学、有机化学、无机化学、生物化学，还有农业方面的园艺学、植物病理学、昆虫学。要不，去分析技术经济，可是技术一窍不通，从何分析呢？第三方面是数量分析的理论，就是计量经济学、数理经济学和经济统计学，这三门学科怎么区分呢？数理经济学是把经济学的概念建立经济模型，数理模型还是比较抽象的。计量经济学是把这个模型具体化，通过某一种计量方法能够把它实现。比方线性规划模型，在一种约束条件下怎么求得一个最优解，这就是计量经济学要解决的。统计学研究什么问题呢？就是在对大量的经济现象进行归纳的基础上能够得出一个具有统计特征的结论。比方说物价指数怎么计算，物价指数要用指数分析法，因为商品有千千万万种，平均价格怎么算出来的？一斤棉花和一斤钢铁能放在一起平均吗？那是不能平均的，就要通过指数分析法，把不能相加的东西变成可以相加的。在统计学里是通过同度量系数使它能够相加，最后得出一个总体特征和总量指标。

基本技能，比方说现代工具的掌握，以计算机为例，我们过去是手摇计算机，后来是键盘式的计算机，现在是电脑。这些先进的工具不掌握能行吗？还有，PPT 不会做能行吗？作为一个现代的学者，必须掌握这些基本技能。

"四会"是指一要会写，就是有写作能力。写作能力很大程度上反映了一个人的思维分析能力、文字的组织能力和文字的表达能力。你写的东西不通顺，人家看不懂，或者绕了很多圈子，甚至有的时候主语谓语都分不清，那这种文章人家是不要看的。我发现写作能力太重要了，现在大学生这方面比较欠缺。

二要会说，就是有语言表达能力。一个语言混乱的人，一定是个思维混乱的人。本来一句话说得清楚，有的人说了半天，听者却不知所云。我不是表扬我自己，我在大学的时候参加过演讲竞赛，得过第一名。我当时讲的题目叫"为什么说人民民主专政实质上就是无产阶级专政"，这个题目很有那个时代的语言特点。语言的逻辑很重要，如果逻辑不通的话，谈话都谈不到一块去的，我说："你今天早上吃过了没有？"你说："我昨晚睡得很好。"我们两个就讲不到一块去。你不要笑，这样的人我常常遇到。

问：他不知道对方想要说什么。

顾：他抓不住重点，这也是需要训练的，语言、文字表达能力是需要训练的，就是看了一篇文章以后能迅速地抓住重点，加以归纳。我上大学的时候有语文课，课上有一个训练就是段落大意，看了这一段文章以后把段落大意讲出来，复述这篇文章讲了什么，重点是什么，这就是一种语言表达能力的训练。

问：会写、会说。

顾：三要会算，学经济学要有计算能力。你知道，上海交通大学的金融系最吃香的是什么专业？

问：精算师。

顾：对了。精算师是薪水最高的，要会算，这个很重要。我有个研究生范勋，他算的能力特别厉害，当时是江苏省的文科状元。他考到南农的金融系,跟我比较熟悉。全省文科状元,在50万人中考第一名,他本可以上北大或清华的。

问:那是哪一年?

顾:1992年到1996年农村金融本科,他本科毕业读我的研究生。他到了安永以后很快就升职了,现在是安永大华会计师事务所的负责人。

第四个就是要会做调查研究。这是我们农经专业的基本功,不会做调查研究,见人都不敢讲话,那怎么行呢?调查研究或者问卷调查工作,首先要制定一个调查方案,方案做得好,效果就好。调查研究很重要的一点是调查者要有亲和力,能够使调查的对象觉得你很可信、谈得来,你才能够取得真实的资料。人家看到你讨厌,那就没话讲了。

问:"三基四会"的培养要求是南农农经专业的优良传统。

顾:所以刘崧生先生给我们农经系留下了一笔遗产,这些观点也是刘崧生先生跟我们一起商量的,是我们这个群体的共同看法,包括原葆民先生、刘书楷先生,当然也包括我,我们都这样身体力行,努力朝这个方向去做。

刘崧生先生有一个观念,他说:"大学教育,学习知识是重要的;但更重要的是学习能力和思维分析能力的培养。掌握了学习能力和思维方式,就会不断地吸收新知识,不断地更新知识。"因为现在知识更新速度越来越快,周期越来越短,所以,我非常赞同刘崧生先生的这个观念。

另外,我个人觉得,我对全国农经事业还是做了一些事情的。因为我当农林经济管理学科评议组召集人的时候设立了一大批博士点。比方说山东大学没有管理学博士点,山东农业大学在学科组的争取下,批下来了。其实山东大学的整体力量肯定比山东农业大学强。当时也有人说博士点搞得太多了,形成竞争了。我就讲:"山东有几千万人口,是农业大省,有博士点和我们有什么竞争呢?"我还

说:"一个还不够呢,最好还多一点。一支独放不是春,万紫千红才
是春。"

问:顾老师对农林经济管理学科的发展贡献非常大。

顾:我当时的布局是,要把全国各个省农经都要搞博士点。除了
山东,还有新疆大学没有博士点,但新疆农业大学有博士点;河北大
学没有博士点,但河北农业大学有;内蒙古农业大学也有的。这些都
是我担任学科评议组召集人期间评的。有没有博士点对一所学校来
讲太重要了,我最后一个心愿没有了的,就是有几个省农业大学没
有,例如贵州没有,江西没有,西藏没有。

这里有一个故事:新疆农业大学申请博士点最有意思。当时新
疆农业大学副校长叫陈彤,起先是新疆农业大学经管学院的院长,他
想上博士点。那一年我们大概评的是山东农业大学,还有河北农业
大学等,就给农林经济管理学科组那么多指标,反正指标用完了,没
有了。后来我听说林学组增加一个指标,我就去找学位办的主任,
说:"这个指标让我们也很难办,也不够呀!"当时新疆农业大学论条
件来讲够也够的,属于可上可下,只是没有河北农业大学和山东农业
大学条件那么好。我有一个观点:可以适当地照顾,但是决不把条件
好的拉下,无论是评职称评学科。后来我跟新疆农业大学的人讲:
"你们新疆农大也去做工作,跟教育部做工作,如果教育部能增加一
个指标,这个指标就是你们的了。"结果他们真做了工作,学位办专门
发了文件给教育部,最后教育部真增加了一个指标,就给了新疆农业
大学。

我认为,要把农经学科做大,学科点要增加,要培养更多高级的
农业经济人才,这样农经学科才有生命力,对不对?这是第一点,从
学科的发展来讲。

第二,为什么要这样做呢?有一个背景,在 20 世纪 90 年代初,有
人提出将农林经济管理一级学科并入应用经济学,降为二级学科。
当时国务院学位委员会有一批专家,都是知名经济学家,不是搞农经

的,建议教育部取消农林经济管理一级学科。他们认为,学科目录里面经济学是个门类,下面分为理论经济学和应用经济学,应用经济学里面就有农业经济,无需设立农林经济管理一级学科。我们得知这个消息以后,在当时农林经济管理学科组召集人朱道华的主持下,进行了讨论并形成一致意见,坚持认为应当保留一级学科,并向学位办申述我们的意见。我是组员,我起草了一个报告,专门给教育部学位办主任。我们陈述了四点理由,强调这一学科的重要性和特殊性以及中国的国情,农业经济管理既有经济学内容,又有管理学内容,农业面广量大及农业生产与经营管理的特殊性,培养农业高级管理人才的迫切性等。在这里我要特别感谢当时负责联络我们组的欧百刚处长,他积极客观地反映我们的意见,及时反馈交流,最后维持住了农林经济管理一级学科的地位。

1986 年,首届全国农经类教材规划会合影
左起:顾焕章、朱道华、刘裕生、赵冬缓

局外人不知道,这是关于农林经济管理一级学科地位的一次讨论,对于 30 年来农林经济管理学科的发展和高级人才的培养具有重要的意义。如果当时我们不积极争取,说不定就取消了,因为他们讲得也有道理。应该说我是立了一点小功的,当时我有一个指导思想,农林经济管理学科只有做大做强,就取消不掉。现在取消得掉吗?取消不掉了,这么多博士点,谁能把我们农经学科取消掉?

1986 年 12 月在北京参加中国农经学会的南农校友合影
顾焕章(左 2)、严瑞珍(左 3)、原葆民(左 4)、张心一(左 7)、王希贤(左 8)、朱甸余(左 9)、何良友(右 1)

七、农经系拓展为经贸学院

问：南农农经学科在刘崧生先生和您的领导下打下了扎实的学科基础，奠定了学科的领导地位，可以说，您起到了承上启下、开拓发展的作用。您是1984年做农经系主任的吧？

顾：是的。1984年春我继刘崧生先生担任农经系主任，王万茂任副系主任。从1960年留校到1979年我当了19年助教，1979年升任讲师，1986年升任副教授，1988年升任教授。我升教授前就是学科带头人①，一直到1996年我不担任行政职务，卸任经贸学院②副院长，但我仍然是学科带头人，院长当时是张周莱，后来是李岳云。他们不是学科带头人，我是学科带头人。我这个学科带头人一直当到2003年，然后是钟甫宁接任，我2005年退休。也就是说，从1984年到2003年，我担任南农农经学科带头人，起先是系主任，后来当副院长，后来当农业经济研究所所长，我担任行政工作就是这样一个过程。

问：您做系主任之后，抓住了发展的大好机遇，农经系实现跨越式发展，五年后组建成经贸学院，请谈谈您采取的举措！

顾：我当系主任以后，在刘崧生先生的扶持下，以及在学校领导的支持下做了一些事。首先是积极筹办新专业，在两年时间里，本科专业从一个变成四个。原来只有一个农业经济管理，1985年增设农

---

① 系主任是学校高评委成员，当时没有明确宣布学科带头人这个名称，这个称号是后来才明确的。

② 1989年，农经系组建为农业经济与贸易学院，1994年，更名为经济与贸易学院。

村金融、农业对外贸易和国际农业专门化专业。国际农业专门化专业实际上就是培养农业外交官的,后来农业部外事司的人,很多都是我们这儿毕业的。

这个确实不容易。办新专业需要教师,当时哪里来的教师呢?刘大钧校长对我一方面是很支持,他也希望学校发展;但是另外一方面他也担心,认为我有点冒进,一下子全面开花,办一个新专业都不容易,你还要办三个新专业。我回了他一句什么话呢? 我说:"刘校长,我如果不办,等条件成熟再办,哪一天条件成熟呢?"但是刘崧生先生很支持我,他带领着我到上海去,到复旦大学、到上海财经大学。复旦大学经济学院首任院长陈观烈、上海财经大学的院长郭森麒,还有搞西方经济学的宋承先,刘崧生先生亲自带着我去一家一家拜访。我请宋承先讲"西方经济学"、陈观烈讲"货币银行学"。我请南京大学的吴可杰来讲"数量经济学"。吴可杰原来也是复旦大学的,是搞数量分析的权威。后来我们还成立了一个数量经济学会,我还当了副会长。

此外,到各个院校要了一批人。姜梅香是南京大学过来的,常向阳是上海财经大学的,董晓林是安徽财经大学的,刘荣茂是南开大学金融系的,这样就把师资队伍逐渐壮大了。到1989年,农经系教职工有100多人,绝大部分都是风华正茂的年轻学者,充满生气。记得有一年农业部教育司领导来农经系视察,风趣地说:"台下坐的都是年轻的俊男美女,怪不得朝气蓬勃。"还有一件趣事:当时农经系有三位女士,比较时尚,她们的穿戴成了学校许多女性的风向标,有人打趣说,她们引领服装新潮流。

有个故事讲给你听:刘崧生先生有一个观点跟我不太一样,在他当系主任的30年当中,农经系只有三个女教师。其中一个是任秀娥,军人的家属;另一个是潘文珠,王万茂的爱人,是苏联基辅农学院毕业回国的;还有一个是王定玉,那是20世纪50年代早期留下来的。以后就没有女教师,刘崧生先生不留。他认为女教师很麻烦,来了以后就要结婚、生小孩,起码三四年无法正常开展工作,而且带学生实习也有困难。这也是实际问题,但我想不能这样,如果这样的话就进不了人了。因为南京大学这些一流大学,男生没有女生那么愿意来南农。另外,我觉得女教师也有好处,她们比较稳定,能安心当教师。后来有一年进了五个女教师,号称"五朵金花"。

另外,我还有一个思想,就是派出去、请进来,实现国际化。刘崧生先生曾在美国获农经博士学位,极具国际化视野,主张大量派出留学和访学人员,请国外知名学者来讲学或合作研究。1984年我接任系主任以后,基本上延续了刘崧生先生的思路,前前后后写过的推荐信有几十份。从77级、78级和以后各届的毕业生中,陆续选派留学生,并鼓励学生自费出国。去美国的有姚先斌、马剑春、樊胜根、方成、陆一香、程政、范俊英、钱绵绵等,去澳大利亚的有万广华、程恩江、蒋庭松、李燕、陈剑峰等,去新西兰的有孙晓华、张方云等,去加拿大的有钟甫宁、殷晓鹏、许小松等,去日本的有严善平、沈金虎、周应恒等,去英国的有褚保金、周曙东等,去法国的有施云南等,去俄罗斯的有张文年等。至于访问学者和进修生则更多,当时有一条不成文的规定,凡留校任教的博士、硕士生,均要出国进修、访问一到两年。这些人当中很多都成为知名学者,如樊胜根是国际研究机构的负责人,去年在二十国集团部长会议上作农业问题的报告;方成是联合国粮农组织(FAO)的官员;严善平是日本研究中国经济的权威学者;钟甫宁是南农农经学科的带头人,他的博士生朱晶现任经济管理学院院长。

除了派出去,还要请进来。我曾多次邀请、聘请了美国康奈尔大学、明尼苏达大学等高校的农经教授,世界银行等国际组织的专家来校讲学访学和合作办学。康奈尔大学来了好几批人了,包括康奈尔大学农经系系主任都来南农农经系上课。因为金陵大学的农经系和康奈尔大学的农经系是"姐妹",文凭是通用的,金陵大学的文凭就等于它的文凭。刘崧生先生在康奈尔、明尼苏达、威斯康星等大学学习过,有便利条件请他们过来上课。我们跟世界银行合作开办项目评估培训班,这个很有效果,又有人,又有钱。世界银行提供经费,当时我们买了好多计算机,不是手摇的那种,是电子计算机了,我们的设备就更新了。另外,也请世界银行的专家来讲课,培养了一批与国际接轨的农业项目人才。

1985 年摄于南京农业大学,美国法学教授来作报告的合影
前排左起:李扬谦、顾焕章(右 1)
后排左起:马剑春、沈守愚、王希贤、樊胜根(右 1)

还有个令我印象深刻的事情,是关于中美联合培养农经博士的问题,温洛克欠我们一个解释。20 世纪 90 年代初,美国温洛克农业发展协会数次派人来经贸学院,洽谈中美联合培养农经博士办班问题,其中有黄女士、盖·约翰生等。当时已经初步商定在南农办班,并在 1994 年 11 月协商拟定了办班的具体建议。我作为农经学科带头人和经贸学院副院长,参与了接待和洽谈。但是后来不知道什么原因改在北京农业大学办,至今我都不明白个中缘由。当然,温洛克有权选择合作单位,而且我们还选送了蒋乃华、杨军等参加北京农业

大学的班。但是,改变计划总应该给我们一个合理解释吧,如今25年过去了,我还是不知道什么原因。

除了引进师资、国际合作之外,我们还争取有关机构支持。农村金融专业的创立与发展得到了金融机构和银行的大力支持。20世纪八九十年代,经贸学院聘请了一些银行行长担任兼职教授,我和陈本焰教授亦在农业银行等金融评估机构中担任职务,双方相互信任,相互支持,合作十分顺利,关系融洽。

问:办专业经费怎么来呢?

顾:经费不是问题,只要动脑筋总有办法的,事在人为。我讲一句实在话,刘大钧先生跟我要求:"你作为系主任,首先教学是中心,科研是生命,没有科研成果的话,就没有生命了。"但是对我来讲,第一位是找钱。当时农经系在全校奖金最高,曾经有一年我拿了1000多块钱奖金。当时1000块钱奖金那是什么概念,所以很多人都愿意到农经系来。我的思想是学科建设要靠人,而人呢,首先要给他创造条件,没有待遇怎么吸引人呢?所以,我当时做了一件大胆的事情,现在看还是正确的,就是招收农经干部专修生,为省委组织部办干部班,办了十几期,这些干部后来都是重要官员,虽然只是大专文凭。和农业银行协作办班,帮他们培养各个层次的人才,从专科、本科、硕士到博士。省委组织部办的干部班给了学校60万,盖了一栋楼,就是牌坊对面的61栋。这个事情现在说起来,学校领导有点讲话不算数。原来讲好的,这笔钱是经贸学院创收的钱,61栋盖好了以后一半的房子给经贸学院。结果盖好以后学校只给了经贸学院两套房子,还不在61栋,而是在40几栋的老房子。

问:给两套房子是什么意思?

顾:就是除了一般的大家排队参加分房以外,另外给两套由经贸学院自己分配。当然学校也有困难,当时大批年轻教师结婚成家没房子。所以61栋盖好以后,全部用作年轻教师结婚的婚房,被称为"鸳鸯楼"。吸引人来,要解决住房,要有钱,要发奖金。另外,我还帮助省委农工部办技术经济培训班,帮农业部办教师进修班,办这些培训班都有创收,那奖金就有了。尽管大头给学校,但小头是放在院里的,所以奖金发得高。很多校友的夫人都愿意来农经系。但是,刘崧生先生有一个观点,说夫妻两个不能在一个小单位,在一所学校可以,不能全在农经系。当时我也拒绝了不少人进农经系,所以这个事上我可能得罪了一些人。

问:师资队伍建设对学院发展至关重要。引进教师是第一步,下面就是如何培养教师。

顾:我当时有个想法,培养优秀教师方面,一个是国外培养,一个是到兄弟院校进修,还有一个就是到农村去。一定要出国,我们这里的老师凡是获得博士学位的,好像没有人没在国外呆过,他们都去过。在国外有什么好处呢? 第一,他视野开阔了;第二,他外语口语也过关了;第三,他建立了国际联系渠道。

另外,我们尽量争取参加各种国际会议。开一次国际会议,视野就更宽一点,这个是有好处的。有时候不能光看花了一点钱,看起来好像暂时不一定有效益,但从长远来看,从培养优秀教师的角度来看,肯定有效。

前一阵子学校开座谈会,我还讲这个问题。农经学科一定要顶天立地,"顶天"就是国际上最先进的理论、最新的成果,我们要了解、掌握。国家高层的一些政策制定,我们要参与,要有发言权。1987 年我很荣幸作为全国两个农经专家之一,列席中央农村工作会议。中共中央农村政策研究室主任杜润生先生是会议上的主角,他在会上做了一个报告,其中有一句话我印象深刻,我已经把这句话"贩卖"好多次了。什么叫改革? 他说,一切改革都是利益关系的调整。实际上就是有的人的利益要获得,有的人的利益要丧失,既得利益者总是对改革有看法,因此,没有免费的改革,必须有一定的实力才能改革。因为有些利益是刚性的,比如工资,就只能涨,不能降,必须要有一定的经济实力,可以给那些工作好的人发更多的工资,但是又不能把工作不太好的人的工资降下来,只能少增加一点,他可以接受。我当时听了这句话,觉得实际情况的确如此。那次会议令我受益匪浅。刘崧生先生曾经是国务院农村发展中心评议员,1990 年 7 月,在这个中心基础上成立了农业部农村经济研究中心,后来我也是这个中心的评议员。我曾经当过省政府的经济顾问,我当了十几年南京市政府的咨询委员会委员。中央、省、市的政策制定,我们都要积极参与,要介入,这样就能把上面的精神吃透,而且也要参与国家政策的制定,这个是"顶天"。

"立地"就是对中国的实际情况,对基层的、对农村的,包括它的历史、发展脉络要了解清楚。究竟农村实际情况是不是这样的,不能大而化之,不能蜻蜓点水,最好能够深入下去,不能光听汇报。我们现在很多人只是听汇报,或者是搞一点问卷调查,这个还不够,要真正和各阶层的人、各类型的人座谈和访问,把他们内心的东西能够发掘出来。总之,一个是一定要出国,一个是一定要下农村,这两点都很重要。

问:您的这些做法使得农经系短短几年时间,教师从 30 多人发展到 100 多人,农经学科被评为全国重点学科,研究生质量评估位居全国农业院校的前列。

顾:改革开放后,南农农经系蓬勃发展,我是系主任,那也是我一生中的黄金时代。2006 年,中国农经研究生教育 70 周年纪念大会,温思美、罗必良来了,全国农经界很多人都来了,我们出了一本书,名为《继往开来培养更多的农业经济管理优秀人才——中国农业经济管理研究生教育 70 周年纪念文集》[①],其中我有一篇比较长的文章,名为《回顾过去 展望未来》,就是写南农农业经济学科的发展过程的。

---

① 国务院学位委员会农林经济管理学科评议组:《继往开来培养更多的农业经济管理优秀人才——中国农业经济管理研究生教育 70 周年纪念文集》,经济管理出版社,2006 年 7 月版。

当时我已经退休，他们安排我讲话，我就讲了一段话。我说：人的一生总是一开始从舞台下走上舞台，从舞台边缘走向舞台的中心，表演一番，然后又回到边缘，最后下台。我曾经走上过舞台，从边缘走到中心，曾经在这个中心表演了20多年。我当学科带头人有近20年，2003年我申报院士没有成功，后来我走到边缘了，现在退休了。每个人都要走一遍，但是有的人可能走不到中心，有的人可能能够走到中心。

问：其实，绝大多数人都走不到中心。

顾：我又回到边缘。我在研究方面做了点工作，别人对我客气，说我是个经济学家，实际上，我主要研究农业经济，而且在农业经济里面，我主要侧重于农业技术经济，可能我掌握的材料要多一点，积累多一点，搞得早一点，所以我比较占优势。现在很多年轻学者已经超过我了，总是一代比一代强，要不然历史就不会进步了，历史永远是后来者居上，这是应该相信的，但也不是每个人都能居上。

曲福田还记得我当年讲的话，我真没想到。他曾经在泰州当市委书记，后到省里做人大常委会副主任。因为曲福田曾是农经系科研办主任。

问：曲福田曾是您的科研秘书？

顾：不是科研秘书，是科研办主任，农经系有行政办公室、教学办公室、科研办公室。教学办公室主任是李岳云，后来是陈万明；科研办公室主任开始是陆一香，后来是曲福田。我当系主任的时候，发表施政演说，其中一条是："我一定努力做到严于律己，宽以待人。"2017年，我和董维春等一行去泰州，曲福田把宣传部部长、办公室主任等人一起叫来交流，他当着那么多人的面说："顾老师，30年了，您这句话我一直记着，而且把它作为我的生活信条。"从1984年到1996年我担任农经系主任和经贸学院副院长，关于这句话，1996年我在全院会议上对自己做了总结，我说："我担任行政工作12年来，如果严于律己做得不够的话，宽以待人我是做到了。"

我还讲过一句话,陈东平后来说他至今还记得。他当时是辅导员,后来做南农财务处处长、金融学院书记。我说:"我们一定要立足于发展,要发散性地思维,不要收敛性地思维,就是要有能量向外部释放,不要在内部争夺资源。事业发展了,人人有前途。"我也是这样做的。我接任系主任的时候,农经系只有一个学科——农业经济管理,一个专业——农业经济管理。1984 年 2 月份,我接任系主任,1985 年增设了三个本科专业,一下子拓展成四个专业。当年南农的金融专业是全省第一家,南京大学、东南大学都没有金融专业,2012年 10 月,金融系分设出去成立金融学院。国际贸易专业南农也是比较早的,其他财经院校、其他综合性大学都有国际贸易专业,但当时全国的农业院校我们是第一家。我尽量拓宽专业,这样所有的人都有事情干,大家各得其所。如果只有一个专业,大家都聚集在一起,可能就会影响效率。

我的第三句话是:"我作为系主任,希望所有的年轻教师都能超过我,你们都超过我了,农经系的工作肯定就上去了,我作为领导也光荣。但是你们也不是那么容易就超过我的,我也在努力,你们要超过我,肯定要做更大的努力。"在这一点上,我确实希望年轻人超过我。如果年轻人超不过我们,这个学科肯定要萎缩的。作为一个学科带头人,一定要有这样的胸怀,能够把所有的年轻人都培养成为人才,让他们真正地成才,南农的农经学科才能兴旺发达。

20 世纪 80 年代我还说过,农经学生要追求"三大"。何为"大"?国计民生为大;国际影响为大;同行公认为大。快 40 年了,我没有想到很多人还记得我当年的话,一些校友说对他们的学习、研究和工作影响都非常大。

问:顾老师,南农农经系有近百年传承,我身为南农农经人感到很骄傲。

顾:南农农经系的前身是金陵大学农经系和中央大学农经系。1921 年中国第一个农经系在金陵大学诞生,由美国康乃尔大学卜凯教授创立并担任系主任。1939年,中央大学农学院于农艺系内设农业经济组,1942年发展为农业经济学系。1952年院系调整时,原金陵大学、中央大学①农经系合并为南京农学院农经系。

问:金大农经系和中大农经系各有什么风格?

顾:在金大的人注重农村调查和乡村建设,毕业后在金融部门较多。李扬谦先生(曾任系主任)曾出版过《农村金融》一书,且曾参与"温江实验区"的活动,实际上相当于小额贷款给农户,支持农业,故金大农经系戏称"农金系"。另外,学校宗教色彩较浓,李扬谦先生就是金大宗教团体"耕乐团契"的成员,"文化大革命"中还因此受牵连。中大农经系与政界联系较多,戏称"农官系"。中大毕业生在政府部门任职较多,与刘崧生先生研究生同时毕业的谢森中先生,曾任中国台湾地区"中央银行"董事长。

从1952年到1989年,南农农经系存续了约37年。1989年3月,经农业部批准成立南京农业大学农业经济与贸易学院,同时意味着原来的农业经济学系自行终止。原副校长张周莱和我共同主持经贸学院工作,一年后,又宣布张周莱任院长,我和王荣等任副院长,我同时任学科带头人。因此,我就成为南农农经系的最后一位系主任,也是经贸学院的开启者之一。

问:农经系终结,经贸学院开启。

顾:那就不是农经系了,而是经贸学院,重组了,它的内涵已经改变了,当然农经系是它的基础。授牌仪式很隆重,在学校大礼堂举行的,我跟张周莱两个人接牌。

我是最后一位系主任,也是学院的开启者之一,为什么呢?当时并没有明确张周莱是院长,还是我任院长,当时给我们的任命是主持,就是我和张周莱共同主持,因为我原来是系主任,张周莱原来是副校长。张周莱是副校长,下来以后不当领导不合适,我把农经系也

---

① 新中国成立后,中央大学改名南京大学。

1989年南京农业大学农业经济与贸易学院挂牌仪式
前排：张周莱（左1）、顾焕章（左2）

没搞坏，好像不让我当领导也不太合适，怎么办呢？所以就主持。

问：两个都主持？

顾：两个人共同主持了一年，到1990年，我向学校反映，因为张周莱开始还不是教授，后来升教授了，但不是博导，我说："我是教授、博导、学科带头人，对我来讲无所谓了，我就当副院长。"所以我一直当副院长，张周莱当院长的时候我当副院长，李岳云当院长的时候我还当副院长，我副院长当到1996年，实际上我行政工作干了约13年，学科带头人差不多20年。

问：我想知道南农农经历史上有哪些元老级人物担任过系主任。

顾：我们应当记住历史上曾经为农经教育事业做出较大贡献的人们，我介绍几位曾经在南农及其前身担任过农经系主任的历史人物。卜凯（1890—1975），1921年在金陵大学创办了我国近代第一个农经系，并担任系主任，是中国现代农业经济学科的奠基人，开创我国农村经济调查的先河。张心一（1897—1992），我国农业统计学的先行者和奠基人，水土保持工作的开创者，曾任甘肃省建设厅厅长，在兰州创建我国第一个水土保持站。乔启明（1897—1970），1937年任金大农经系主任,农业推广体系的开创者之一,曾在抗战时期创建了遍布大后方各省的县合作金库,相当于现在的小额贷款。张德粹(1900—1987),曾任中央大学和中国台湾大学农经系主任,中国台湾大学农经系的创始人,农产运销和农业保险学科的开拓者,为台湾地区农业经济发展做出了杰出贡献。我到台湾大学农经系访问的时候听台大的人讲,台湾地区某领导人是他的学生,张德粹去世的时候,曾给他扶灵、抬棺材。应廉耕(1904—1983),1941年任金大农经系主任,在土地经济和农村社会学方面颇有建树。吴文晖(1913—1990),20世纪40年代任中央大学和浙江大学农经系主任,著述300万字,在农业和农村发展方面有许多创见。刘庆云(1904—1975),中大农经系创建人,南京农学院农经系第一任系主任。刘崧生(1920—1994)接任南农农经系第二任系主任,再下来就是我了。这么说,中国第一个农经系就是金大农经系,创始人是卜凯,金大农经系的延续就是后来的南农农经系,最后一届系主任是我,此后就没有原来意义上的农经系了。

问:关于南农农经学科或者学院的发展,您还有什么可以介绍吗?

顾:谈到发展就多了。1992年,南京农业大学成立全国第一所土地管理学院,土地管理学院是从经贸学院分出去的,原来是个教研室,曲福田是教研室主任。我记得,南农土地管理要不要设博士点,当时国务院学位委员会学科评议组争论很大,有的人不赞成。当然我还是倾向于扶持我们自己,因为我们南农在这方面很有基础。王万茂他们的确做得很好,无论得奖、著作还是国内的影响力,所以全国第一个土地管理学科的博士生导师评出来是王万茂,1992年招收土地管理博士研究生,挂靠在农经博士点,到了第二年,南农土地管理博士点就评上了。

2003年,土地管理学院组建为公共管理学院,但保留土地管理学院建制。2004年,经贸学院更名为经济管理学院。2012年,金融系从经济管理学院分设出去,成立金融学院。

1993 年摄于南京农业大学经贸学院
左起：张景顺、顾焕章、李岳云、杨德祥、陈万明

1988 年摄于南京农业大学教二楼前
左 2 起：费仕良、张妙龄、顾焕章、刘书楷

八、春风桃李花千树

问：顾老师，请您谈谈研究生培养工作吧！

顾：我前面讲过，全国的研究生培养方案是以南农为主在无锡会议上制定的。当时刘崧生先生还在，系主任他已经不当了，由我接任。我们在研究生质量提高方面做了很多创新，1994年在全国农科博士学位与研究生教育质量评估中南农被评为农经组第一名。当时组织了好多专家到各个学校考核，重点考核七所高校，即农业部直属高校，每个大区一所。南农是华东地区的，还有华南农业大学、西北农业大学、西南农业大学、华中农业大学、沈阳农业大学、北京农业大学等。当时综合性大学除中国人民大学外基本没有农经学科，像北京大学都没有，但现在有了。上海交通大学现在也有，上海交通大学农经的学科带头人就是我的学生顾海英，但是这些综合性大学发展得比较快，特别财经类的院校，像上海财经大学、中央财经大学。我估计北京大学也快，黄季焜是南农农经系学生，现在是北京大学农经学科带头人。所以学科建设与研究生培养，应该说南农做了不少工作，因为有历史渊源，全国第一个招农经研究生就是在我们这里，即1936年金陵大学农经系招收二年制研究生。

问：是硕士研究生？

顾：是硕士，当年没有博士。农经第一个博士学位获得者是王荣，他是南农培养的中国第一个农经博士。但从国外回来是有的，刘崧生先生恐怕是最早从国外回来的博士。

问：南农的农经博士点是哪一年获取的？

顾：博士点是 1984 年通过的，1985 年在全国首次招收农业经济学科博士研究生。第一届博士生有王荣和陆一香两个人，王荣先毕业，所以他是第一个农经博士。1988 年 8 月，他和陆一香先后毕业留校，年底，有一个破格晋升副教授的指标。当时刘崧生先生与我商讨，王、陆二人中选一，他们的素质与科研能力难分伯仲，但王荣曾任研究生会宣传部部长，在组织管理与社会活动能力方面表现出色，更加符合接班人的条件，于是我们选择了王荣。1990 年调整经贸学院领导班子时王荣顺理成章地担任副院长，为他以后的发展打下了一个良好的基础。

问：王荣是谁的博士？

顾：刘崧生先生的。两个都是刘崧生先生的，当时原葆民还不能招。第二批确定的导师只有刘崧生，第三批有原葆民、刘书楷，我是第四批导师。

问：为什么没有第一批？

顾：1981 年全国第一批时农经学科还没有设置博士学位。1984 年全国第二批才设置。我在国务院学位委员会办公室编撰的《中国学位授予单位名册》①中整理了农经博导的名单。自 1981 年实施《中华人民共和国学位条例》以后，我国先后于 1981 年、1984 年、1986 年、1990 年、1993 年批准了五批博士学位授予单位、学科和导师名单，其中第一、第二批由国务院批准，第三、第四、第五批由国务院学位委员会批准，其后，重点大学逐步有博导自评权，但学位点评审权一直未下放。第一批因农林经济管理学科组未建立，遂未评导师。从第二批至第五批博士导师名单是，第二批：刘崧生（南农）、赵天福（沈阳农大）、朱道华（沈阳农大）、万建中（西北农大）、王广森（西北农大）共 5 人。第三批：刘书楷（南农）、原葆民（南农）、安希伋（北京农大）、张仲

① 国务院学位委员会办公室：《中国学位授予单位名册》，高等教育出版社，1994 年版。

威(北京农大)、李明哲(沈阳农大)、沈达尊(华中农大)、叶谦吉(西南农大)、黄升泉(西北农大)、牛若峰(中国农科院)、吴大炘(中国农科院)共10人。第四批:顾焕章(南农)、贺锡萍(北京农大)、于秉圭(沈阳农大)、袁飞(浙江农大)、杨名远(华中农大)、王锡桐(西南农大)、魏正果(西北农大)、刘志澄(中国农科院)、王万茂(南农)共9人。第五批:钟甫宁(南农)、俞家宝(北京农大)、赵冬缓(北京农大)、郑大豪(北京农大)、蒋振声(浙江农大)、郭犹焕(华中农大)、韩桐魁(华中农大)、温思美(华南农大)、戴思锐(西南农大)、王忠贤(西北农大)、梅方权(中国农科院)、朱希刚(中国农科院)共12人。四批共36人,其中绝大多数人已退出历史舞台,但是他们曾经为中国农经学科和农经学位教育事业做出了开创性的贡献。

我校有六人:刘崧生、刘书楷、原葆民、顾焕章、王万茂(土地管理)、钟甫宁。开始我是协助刘崧生先生指导研究生,刘崧生先生是系主任,他是研究生导师,当时导师很少,只有两三人。1984年我当系主任时还不是副教授。当时农经系成立了一个研究生指导小组,导师是刘崧生先生,我是小组成员之一,我们帮助刘崧生先生一起带。1986年我晋升副教授以后就带研究生了,1988年晋升为教授,1990年带博士生。我先后带了106个研究生,所以董维春曾开玩笑说:"顾老师,您再带两个,就是108将。"

问:这些研究生都是您单独带的吗?

顾:也有个别研究生是和别人合带的,比如我跟张景顺、跟王荣、跟李岳云、跟钟甫宁都合带过,我自己指导和双导师指导的一共有106人,其中博士生有60多个,博士后6个。那个时候很多全国有名的以及省内的一些行政管理人士到我们这里读博士。因为那时江苏省所有的高校只有南农可以招管理学博士,没有第二家,包括南京大学、东南大学都没有,他们想要读博士只能到南农读。南农1984年就有管理学博士学位授予权,南京大学是1994年,比我们晚10年,南京大学是第二家,东南大学就更晚,其他学校基本是21世纪以后才有。

所以,很多人都到我们这里来读博士,包括已经是博士生导师的学者还到我这里拿个博士学位,比较有名的是原华南农业大学的副校长温思美。

问:已经是博导,再来读博士?

1995年12月,南京农业大学温思美博士与答辩委员会委员合影

顾:对,那时他已经是博导。他是西南农学院农业经济管理专业78级学生,1982年毕业后到美国留学,在康奈尔大学获得硕士学位,1987年回国,回国以后到华南农业大学任教。由于他在教学科研方面的突出成就,1993年经国务院学位委员会评审为博士生导师。他已经是教授、博导,但是他没有博士学位。因为过去没有学位制,像我就是本科生。但他们是"文革"以后毕业的,在学术界,人家都有博士学位,你没有博士学位,不利于开展高层次的学术交流,所以,他就到南农读博士。当时他在广东乃至全国已经是名人了,已经有了许多光环,但仍然按培养方案完成博士学位课程,认真撰写博士论文《农村经济制度的创新和发展——广东农村改革的实证考察》。我把他论文的主要部分收入我主编的《中国农业发展之研究》一书中。当时他的读博引起了国内外许多媒体的关注,有的报刊还发表评论,热

闹了一番,不过基本上是正面的。《人民日报》海外版曾经发表过一篇文章,说博士导师攻博,就是指温思美。他这个人很优秀,年轻的时候就是广东省"十大杰出青年",后来他也是国务院学位委员会农林经济管理学科组成员,当过第二召集人。

还有一位很有名的也是华南农大的,叫罗必良,当时也是教授、博导,也来南农在我名下读博。他毕业比温思美晚一年,在广东、在全国都很有名,是国务院学位委员会农经学科组成员。罗必良同样完成了高质量的关于农业经济制度逻辑研究的博士论文,著作出版后,获得教育部人文社会科学奖,我十分高兴。2018年12月他当选为广东省经济学会会长。

2017年,顾焕章与前来拜访的罗必良(右1)、董维春(左1)、顾海英(左2)合影

问:您的学生功成名就的很多啊!您还和吴敬琏一起招过博士?

顾:我曾经和中国经济学的泰斗吴敬琏联合招过两个博士。是这样,吴敬琏是金陵大学校友,当时他想研究农业经济,就打算在南农招研究生,但是必须要有个合作导师。因为我是学科带头人,所以就是我了。我和吴敬琏合带的博士生其中一个叫范世涛,2001年博士毕业,后来在哈佛大学做访问学者,现在在北京师范大学任教,也是一位知名教授。范世涛的博士论文很有名,他回答一个什么问题?

2001年，范世涛博士论文答辩合影，前座吴敬琏（左）、顾焕章（右）

叫"李约瑟之谜"，为什么四大发明在中国、工业革命在英国？他的博士论文第五章就叫"李约瑟之谜"。

问：您觉得他回答了吗？

顾：他回答得很有道理。他的理论是什么呢？中国虽然有四大文明，科学方面领先了，但是我们的制度落后了。工业革命为什么发生在英国、在欧洲？他认为是英国已经有了比较先进的制度，比如说专利权、优先权。中国从来不考虑专利，也没有什么优先。所以在"文革"期间有一个笑话，是真实的事情。中国发明了人工合成胰岛素，这个可以获得诺贝尔奖，但是诺贝尔奖只奖给个人，不奖励给单位。当时说这个研究是集体发明的，没有办法报。为什么不好报呢？你报谁？首先研究所的所长有功劳，他领导的。研究人员有功劳，因为他们研究的。看大门的、送饭的也有功劳，他们做好后勤。因此报这个成果，报哪个人？要报只能报集体，但是诺贝尔奖不承认集体，只承认个人。两个人、三个人也可以，但是必须把人的名字报出来。所以胰岛素最后也没有获得诺贝尔奖。专利制度的出现，就是发明

2002年，马晓河（左）博士论文答辩后与顾焕章合影

权利的优先权，这种权利必须承认，正因为制度化的保证在欧洲国家早就有，所以工业革命在欧洲不在中国，这很有道理。

我协助吴敬琏指导的另外一个博士生也很有名，叫马晓河，长期在中央有关经济部门工作，是国家发改委宏观经济研究院院长、中国人民大学中国改革与发展研究院常务副院长。2002年马晓河博士论文答辩，吴敬琏因有要事不能来宁，但从北京请来了著名农经专家韩俊（原中央财经办副主任、中农办副主任、农业农村部副部长）来宁参加答辩委员会。我请了南京大学的洪银兴教授担任答辩委员会主席，还有南京师范大学蒋伏心教授及我院钟甫宁教授，这场答辩会是一次高水平的研讨会，马晓河答辩顺利通过。韩俊对论文作出了很高的评价：条分缕析，印象深刻。马晓河有一项重要的创新成果，提出了城乡双重二元结构观点。

问：双重二元结构？

顾：一般讲二元结构是城市和农村，但是农村里也有个二元结构。

问：农村怎么也会有二元结构呢？

顾：就是现代农业和乡村工业。马晓河的论文后来正式出版，书名《结构转换与农业发展》,吴敬琏写了序言,认为论文创新之处在于提出了中国经济的"双重二元结构"理论——城市经济与农村经济、城市工业与农村工业,并对其形成与演化进行了科学的论证。

问:顾老师,您指导的两个博士生蒋乃华、常向阳连续获得 2000 年和 2001 年全国百篇优秀博士论文。

顾:关于评百篇优秀博士论文的事是这样。2000 年的时候,李岳云和我合带(李岳云为主,我是第二导师)的博士生蒋乃华的博士论文名《中国粮食生产与价格波动研究》获得全国优秀博士论文,那一次我也参加评审的,因为我当时是教育部全国优秀博士论文评委会管理学组成员。2001 年,再次评选全国优秀博士论文,当时南农全校报了六篇,只有常向阳的论文被评上。她的博士论文写了几十万字,名《技术市场构建论略——一个理论框架及对中国农业技术推广体系的考察》,确实写得很好,她出书时我还给她写了序言。优秀博士论文评选有个条件:必须有五篇和博士论文内容相关的论文在一级刊物上发表。这不那么容易的,全国博士生毕业 5 万多人,在 5 万多人里面选 100 篇。当时学校申报优秀博士论文时,我有两位博士生罗必良和常向阳的论文都很优秀。我考虑报罗必良的还是报常向阳的,当时罗必良已经是教授、博导了,我对罗必良说:"对你没多大意义!"常向阳那时候可能才升副教授,还要升正教授,我考虑再三,决定报常向阳的。结果学校里六篇筛选下来,就推荐常向阳一篇送到教育部去。然后过五关斩六将,最后拿到评审组终审评议。常向阳是两个唯一(南农唯一,全国农经学科唯一)的优博候选人。我是评审组成员,组长是石元春,评审组成员基本上是院士,大概只有我跟陈杰两个人不是院士,但我们俩都是国务院学位委员会学科评议组召集人,他是兽医学科评议组召集人,我是农经学科评议组召集人。评审时华中农业大学的一个院士说:"顾先生,好像你去年也有一个学生评上了,你也是导师。"

问：去年评了，言下之意是今年不能再给你了？

顾：我说："是，的确，那篇我也是导师之一。"我说："我个人没有意见。"跟常向阳竞争的是北京农业大学的一篇养猪方面的论文，关于培养新品种，水平很高。优博评审非常残酷，有一所学校植保专业的论文，作者发现了 20 个昆虫的新种，而且有几个是以他个人命名的新种，他在国外 SCI 发表好多篇论文，这样的人最后都没能评上。当年农经学科通过预选参加通讯评议的有两篇，北京农业大学有一篇农经的，79.9 分，落选，常向阳好像是 80.1，刚过 80 分，也是险胜。通过通讯评审，到我们这儿评是 300 篇里面选 100 篇。那篇研究养猪的论文也做得很好，但是北京农业大学另外还有一篇评上了，假如那篇研究养猪的论文也评上了，那么北京农业大学就有两篇，南农就剃光头了，整个农经学科剃光头了。经过投票，结果常向阳评上了。那一年全国农经学科和南农所有学科只有她一个，我十分高兴。教育部奖励 50 万元研究资金，但我们学校有点抠门，只奖励我 5000 块现金。

问：哈，顾老师，学校有点抠门了。

顾：常向阳有了这个光环以后，她申请什么项目都能中。就是这样的，百篇优博，那太难了，人家发现了新品种都上不去，没办法，平衡下来了，每一篇都是层次很高的，其实这也不合理。当时我们也给教育部提了意见，说博士生年年增加，但还是 100 篇，竞争越来越激烈。所以我也很光荣，我是百篇优秀博士论文的导师。我跟罗必良讲："我欠你一个情！"

当时南农就两篇，没有第三篇。连续两年得优秀博士论文，和同一年得两个国家教委的奖一样，这个好像也是比较少的。

当时南京大学整个商学院还没有一篇百篇优秀博士论文，后来有一年我参加优秀博士论文评审，被分在大文科组，包括哲学、体育、教育学、经济学、管理学，南京大学报的是范丛来，范丛来的导师是洪银兴。范丛来的硕士、博士论文我都参加了答辩，我当然很希望范丛来能评上，洪银兴也很紧张。范丛来的博士论文是关于金融方面的，研究的是通货紧缩问题，当时国企改革后产生了消费下降、通货紧缩，所以，范从来的博文论文是很有意义的。他的论文获百篇优秀博士论文，对南京大学商学院来说是很重要的标志性事件。

问：顾老师，您什么时候招博士后的？

顾：20世纪90年代初，我招收了两位博士后，第一位是施丁，她原是南京林业大学毕业的，后留学日本，在京都大学获林学博士学位，来此做林业经济博士后研究。第二位是郑建华，西南农业大学的农经博士，是我国农业生态学的权威叶谦吉①先生的高足，来此继续研究农业生态经济，他们二人进站有先后，但同时出站，出站报告会特请盖均镒校长主持，获得好评。郑建华后来在广州暨南大学任教。

施丁是南农农经学科第一个博士后，她是周三多的儿媳妇，很优秀，确实各方面素质都很好。博士后可以申请临时住房，她就住在南农宿舍区19栋，一室一厅。出站后，她和丈夫又到日本去了。我1996年到日本京都大学访问的时候，她还接待了我。

1993年，顾焕章与施丁（右）、张金华（左）于苏州合影

---

① 叶谦吉(1909—2017)，江苏无锡人，1933年金陵大学农经系比业，西南农业大学教授，为中国生态农业建设做出了卓越贡献。20世纪90年代，顾焕章先生曾随刘崧生先生访问过叶谦吉先生简朴的小院。

我在京都大学访问的时候做了一个报告，中国留学生一起听我做报告。这里还有个故事：当时周应恒才到京都大学，他的同班同学王振（现在是上海社科院副院长）是京都大学中国留学生会主席，到任了要换届，下一任他推荐周应恒。我到京都大学的时候，中国留学生会主席正在开展换届竞选，参与竞选的还有一个北京大学物理系的中国留学生。大家正在帮周应恒竞选，那天晚上我们住在王振住的地方，日本人叫"寮"，"寮"就是学生宿舍，我们四个人一起睡在地板上。王振他们把中国留学生集中起来，我给他们做了一个"关于中国粮食问题"的报告，一起吃了顿饭。留学生很有意思，他们请我做报告，还给我钱，吃完了以后每个人掏钱，AA制。

问：然后周应恒选上了？

顾：选上了。京都大学在日本很有名的。日本关东地区是东京大学最有名，出了很多首相。关西地区京都大学最有名，出了很多诺贝尔奖获得者。前年我到东京大学去了，因为我儿子去东京大学参加一个文化产业的国际会议并做大会发言。东京大学很古老，给我留下了深刻印象。

我在日本的合作者叫陈仁端，南农人文学院搞农业史的、已经去世的郭文韬也认识他。他和我们有长期合作，从20世纪80年代一直到21世纪都有交往，我两次访问日本，第一次就是他邀请我去的，他到中国来是我接待的。他是中国台湾人，早年去日本的。他很有骨气，因为假如要加入日本国籍的话，就必须把姓改掉，要姓日本姓，他不想改掉中国姓，所以始终没有加入日本籍，他的子女都加入了日本国籍。1996年我去日本，胡锋副校长正好在日本进修访问，陈仁端带我们去考察东京地区的农民协会和农村金融，一起陪同以及参加座谈的还有日本大学的两位教授，其中有一位是日本农业经济学会的会长叫金泽夏树。不是东京大学，是日本大学，一所私立大学，这所大学大概有十几个学院。我在日本大学区域经济研究所做了"关于中国粮食问题"的学术报告。金泽夏树请我们在明治皇宫饭店吃了一顿饭。后来我邀请他们到中国来，我这里有一张照片，这是他们到中国访问的时候，我陪同他们到无锡去考察，在太湖边拍的照片。

1998年摄于无锡太湖
前排：金泽夏树（右1）、陈仁瑞（左1）
后排：顾焕章（左1）、周应恒（右2）

1996年摄于大阪，顾焕章与外甥张星源、张效晨合影

九、南农农经英才辈出

问：顾老师，南农农经系培养了一大批杰出人才，您能谈谈吗？

顾：钟甫宁教授是恢复高考后第一批考入农经系的，20 世纪 80 年代初他在南农毕业后赴加拿大留学，获曼尼托巴大学博士学位，1989 年准备回国效力，希望回母校任教。我当时以系主任的身份回函表示欢迎，他随即持函归国并在教育部开出派遣证回南农就职。此事已过去 30 年，没想到钟甫宁教授仍然记忆于怀，并在他出版的"江苏社科名家文库"中写下了这一段往事。

我在朋友圈发了一篇微信，标题是"英才辈出的南农农经 84 届"，就是周应恒这一届，出的人才非常多，这一届恰恰是我当系主任以后毕业的第一届，他们 1984 年暑假毕业，我 1984 年春节当系主任，我也给他们上过课。我为什么写这篇微信呢？有感于叶贞琴校友空降华南重镇广东任常务副省长。南农农经系 84 届毕业 60 人，现大都事业有成，在政、学、商三界出了不少成功人士。政界在农业部担任司局级及以上干部的有叶贞琴（原来是农业部副部长）、潘显政、张亚辉、倪洪兴等，厅局级以上干部有安徽的许多、山东的李树典、四川的张兵、扬州的徐祥华等；学界名人中在国外高校或研究机构任领导职务或高级专家的有蒋庭松（澳大利亚）、孙晓华（新西兰）、严善平（日本）、施云南（法国）、李祈学（法国）、姜邦桥（美国）等，在国内学术界有黄季焜（北京大学新农村发展研究院院长、中国农业政策研究中心名誉主任）、王振（上海社科院副院长）、周应恒（原南农经管学院院长）、刘传哲（中国矿业大学管理学院院长）、杜金珉（暨南大学经济学院院长）及俞雪华、沈雪达、倪菊香等知名学者；在商界有一批大咖，如担任大基金或大企业、大证券公司老总的有许小松、张海波、陈建民、李刚、高有谦、佘峰等，还有些人担任省、市银行的领导，如吴国山、徐东新、宋雪平、方得柱等。

黄季焜也有一个故事。我前几天给他发了一条微信，他还有很多感慨。黄季焜是福建人，1984年毕业，在毕业的时候，他考研，当时是计划分配，不是毕业生自己出去找工作，他考研就不分配了。他第一门就考砸了，他说："顾老师我不考了，我还是分配吧。"我说："你想到哪里去呢？"他说："我福建人，我想回福建。"当时毕业分配要有指标的，有分配指标才能派遣。我一看福建没有指标，我说："福建你去不了了。"那怎么办呢？浙江有一个指标，江西有一个指标，江西是江西农业大学，浙江是中国农科院中国水稻研究所。他说："那我到水稻所去。"因为那是中国农科院的嘛。于是他去了浙江，没想到第二年中国农科院选拔出国人员，考试他第一名，就去了菲律宾国际水稻研究所（IRRI），这个研究所是联合国的一个组织，距离马尼拉大概100公里左右。以后他继续深造，读菲律宾大学的硕士、博士。由于聪明和勤奋，很快崭露头角。

1988年，顾焕章与黄季焜（右）在菲律宾国际水稻研究所合影

他硕士毕业考博士时，我正好到菲律宾去访问，大概是1988年。他来旅馆看我，他说："顾老师，我今天到马尼拉来考试。"我说："你考什么试？"他回道："考博，一百个人当中挑一个。"百里挑一。那天晚上我说："你不要回

去了,有 100 多公里。"他就在我房间沙发上面睡了一夜,第二天去考试,结果考中了。

当时出国人员可以买一个大件,我家里的电视是黑白的,我有指标可以买彩电。我没外汇,黄季焜借给我 200 美金,回国以后我买了一台松下彩电,当然后来还给他 200 美金,现在回忆起来觉得很有意思。后来黄季焜成就很大,在国际学术期刊发展 200 多篇论文,在爱思唯尔(Elsevier)发布的高被引学者中曾入选"经济、经济计量学和金融"领域第一名,被评为发展中国家科学院(TWAS)院士、国际农业经济学家协会(IAAE)终身荣誉会士。他现在北京大学,是农经学科的带头人。

还有严善平,1984 年南农农经系毕业,后赴京都大学攻读博士学位,任桃山学院经济学部教授,他以研究中国经济问题闻名。1992 年他把博士论文《中国经济的成长与构造》送我一本,我昨天翻了一下,是日文写的,我学过两年日文,稍微能看懂一点。我在 1996 年和 2014 年访问日本时,有日本教授说,对中国经济问题不清楚时,可以问严善平。可见他的学术影响之大。

刘传哲也很不简单,现在是中国矿业大学管理学院院长,中国矿业大学管理学方面的学科带头人。这里也有一个故事。刘传哲是徐州人,家里很穷,博士读到一半不想读了,结果他父亲知道了,他父亲就给我写了一封信。因为父亲对儿子说话,儿子不一定听,他父亲想我是老师、是系主任,说话应该管用,就写信跟我说:"我再穷也要支持他把这个博士念完。"后来我找刘传哲谈话,我说:"你父亲有这个心愿,你实在有困难,我们给你补助嘛。"后来他也没要补助,读完了博士。上一次我到徐州去,他接待我时还谈起这件往事,他说当时确实是准备回去了,不念了。

在商界有许小松,现在是招商银行的国际副总裁。2019 年 2 月,我去深圳,他做东请我在欢乐海岸吃饭,一家比较大的饭店。张海波是华泰证券的老总,现在调到南方基金当老总去了。① 这一届还有陈建民,云南红塔证券的老总。吴国山是中国农业银行浙江分行副行长,2018年9月我去杭州,他接待我,开玩笑说:"顾老师,你每年来一次。"

我给这一届毕业生讲"农业技术经济学"课,既是任课老师,又是系主任,而且在我手上分配,所以他们对我印象特别深刻。一个年级两个班出这么多杰出的人才,这说明我们的教育还是成功的。

问:樊胜根也是南农农经系毕业的。

顾:是的。樊胜根是一位颇有成就的、而且在世界上影响比较大的学者,现任国际食物政策研究所所长。国际食物政策研究所是由国际农业研究磋商组织倡议赞助的非政府国际组织,成立于1975年,总部设在华盛顿。华人在这样的国际组织里当一把手的学者很少,而他做到了,而且做得很出色。他出生于江苏东台县一个农民家庭,南农农经系1982届本科毕业,跟褚保金、陈东平同一届,1985年硕士毕业留校。他给我的感觉是一个质朴、聪明、有点内向的农民之子,由于品学兼优,他被公派美国明尼苏达大学农经系并获博士学位。我感到特别荣耀的是,20世纪末他在无锡太湖饭店召开国际学术会议,邀我出席,美国的教授、英国的教授、印度的教授、日本的教授、韩国的教授等,都是他主持的课题组成员。我是他老师,那一次会上我没发言,但是我坐在那里有一种说不出的高兴。他虽然洋装穿在身,但我感到他那种农民之子的本色,始终未变。

他是我们南农培养的,我是他的老师,但我不是他的硕士生导师,因为当时导师只有刘崧生先生一个人,我是研究生指导小组成员,所以广义上讲我也是他的导师。他在明尼苏达大学读书第一年是公费,第二年没钱了,因为公派只管一年,他给我写信,他说:"顾老师,我没钱了,又没拿到奖学金。怎么办呢?"我回道:"你还得读,我

---

① 张海波校友于2021年2月不幸英年早逝。

们给你想办法。"当时,鲍世问负责研究生部,我找他一起商量,向农业部申请了一笔经费,然后换成外汇,那时候换外汇很困难,又给了他一年资助,第三年他就拿到奖学金了。所以他为什么很感激母校呢,如果我们不资助他,他第二年就得回来了。2020 年 11 月,樊胜根回母校参加学术活动,受到陈利根书记、胡锋副校长等领导和老师的热情接待,我们抚今追昔,相谈甚欢。

1991 年,南京农业大学农经 91 级硕士合影
前排左 4 起:叶卫东、韩静、庞晓鹏、朱智洺、黄飞、张金华、陈其红
后排右 1 起:董满章、王德文、郭健、顾江、杨咸月

这张照片是农经 91 级硕士 16 人(含土管)入学合影,他们现在也都事业有成,是教育、经济、金融、行政工作岗位上的骨干力量。严金明,中国人民大学国家发展与战略研究院执行院长、土地规划研究中心主任、教授、博导。王德起,首都经贸大学公共管理学院党委书记。王德文,世界银行中国局高级经济学家。庞晓鹏,中国人民大学农业与农村发展学院教授。张金华,恒力集团副总经理。王洪卫,曾任上海财经大学副校长、上海金融学院院长。杨咸月,上海社科院应用经

济研究所研究员、博导。韩静,中国农业银行机构部总经理。顾江,南京大学文化产业研究所所长、教授、博导。朱智洺,河海大学商学院经济学与国际贸易系主任。陈其红,北京银行南京分行公司营销部副总经理。董满章,中信银行南京分行资产托管部私人银行中心总经理。黄飞,华泰证券投资银行部执行董事。叶卫东,中国农业银行浙江分行工会办主任。王胜,厦门市住房保障和房屋管理局的处长。

南农农经类学科从 20 世纪 50 年代到 90 年代,在半个多世纪里,不仅培养了一大批农经学者和管理人才,还走出了许多大学书记、校长,为中国高等教育事业的发展贡献了力量。据不完全统计,在本校和外校曾任和现任高校领导职务的有 20 多位。在本校有:曾任党委副书记的有庄孟林、盛邦跃、花亚纯,曾任副校长的有张周莱、周有忠、王荣、曲福田、徐翔,现任领导有陈利根(党委书记)、刘营军(党委副书记)、董维春(副校长)。在外校有:朱道华(沈阳农业大学校长)、吴柏均(华东理工大学副校长)、王洪卫(上海财经大学副校长)、李善民(中山大学副校长)、张兵(河海大学副校长)、温思美(华南农业大学副校长)、咸春龙(华南农业大学副校长)、易中懿(江苏大学副校长)、蒋乃华(南通大学副校长)、傅康生(南京师范大学副校长)、傅兵(苏州农业职业技术学院党委书记)、刘红明(南京海事职业技术学院党委书记)、蒋协新(农业部管理干部学院党委书记)、徐祥华(扬州职业技术学院党委书记)、蒋伏心(钟山学院院长)、石金楼(南京医科大学党委副书记)、胡海彦(云南财经大学副校长)、赵邦宏(河北农业大学副校长)。令人高兴的是,其中有十位是我指导(包括合作指导)的博士研究生,他们是温思美、易中懿、蒋乃华、傅康生、蒋伏心、蒋协新、董维春、傅兵、刘红明和徐祥华。

宁夏回族自治区政府副主席、党组副书记张超超[①] 1986 年考入南农农经系,读书时就是一位品学兼优的学生,曾经是学生会干部。

---

① 2021 年 4 月,张超超就任河北省委常委、石家庄市委书记。

1990 年毕业被推荐到中国农科院读研,获博士学位后在农经所任职多年,后转入仕途,表现出色,逐步走上重要的领导岗位。20 世纪 90 年代后期他在南农做博士后研究,曾经与我这个导师共同主编过一本论著《中国农业现代化研究》,1998 年由中国农业科技出版社出版。30 多年来,我目睹了他的成长。

1998 年摄于北京,顾焕章与博士后张超超(右)合影

　　2019 年 2 月,我到香港旅行时,校友耿金海刚从外地回来,风尘仆仆到宾馆探望我。耿金海是 1989 年从农经系毕业,长期在深圳、香港金融部门任职,现任中国太平保险公司董(监)事会办公室主任,曾任中国太平保险公司(英国)总经理和英国中国商会会长,不久前才调回总部。2018 年 12 月 3 日,他任"中英公益"联合倡议主席,并代表中方签署了协议书。2015 年,我访问英国期间,曾有机会与他在伦敦相聚,他还陪同我和家人参观了伦敦金融街和他们的公司。他告知我,他们公司在英国已站稳了脚跟,业绩每年都大幅增加,并取得了良好的信誉,受到英国监管部门的好评。他当时有一个心愿,就是把中国太平的牌子树立在市区,不久后果然在伦敦市中心的唐人街矗立了一个牌坊,上书"中国太平"四个大字。

王红兵 1987 年在农经系农村金融专业毕业,后在农行任职,20世纪初,他在深圳投身商界,经过十多年的努力,已经是成功的企业家。数年前在南京创办"瑞芝康健"老年公寓,提出尊老、爱老,要使老年人有尊严地生活的新概念,成为南京和江苏养老机构中的佼佼者。这些校友在各行各业为母校争光添彩。

还有件事我觉得值得说一说,很多校友都记得我 30 年前的讲话。因为我作为系主任,每年学生的毕业晚会、毕业典礼,我都要讲话。当时我讲了这样一个观点,要"立大志,做大事,成大业",期待年轻一代成长为杰出的政治家、企业家、科学家。我说:"世界上有三种人最值得尊重:第一是杰出的政治家,他们站在时代的潮头,引导国家和人民走向充满希望的未来,他们的活动影响历史的进程和亿万人的命运。如果中国没有毛泽东,法国没有拿破仑,历史就要重写。但是杰出的政治家不多,很多可能都是平庸的政客。第二是杰出的科学家,他们揭示自然规律和社会发展规律,使人类和社会走向进步,摆脱落后和愚昧。第三是杰出的企业家,他们的创新活动为社会积累巨大财富,极大地提高了经济水平和人们的生活水平。像比尔·盖茨能成为世界首富,这个很了不起。"我下面又讲了一句话,我说:"第一,我觉得你们如果要做政治家,就要做杰出的政治家,做官要做'大官';第二,做学问就要做名家,做'大家';第三,经商就要发大财,做'大企业家'。"其中有一位学生叫吴昭才,现在是福建省安徽商会会长,他就是听了我的话以后受到影响,他说:"我想了想,觉得做政治家可能做不了,做学问太艰苦,发大财还是有可能的。"他毕业分配到了农业部饲料公司,做到副总经理,后来下海自己创业,现在在福建很有名。

当时这段话就是这样讲的,我后来想了想,觉得这段话有问题,所以在 2003 年我 70 岁生日会上作了纠正。我说:"我这段话有片面性。"因为后来我听到反映,有的人讲:"我没有发大财,没有做大官,也没有成为名家,好像无颜见江东父老,好像对母校没有什么贡献。"

如果要分析这段话,确实也有问题,在具体环境和条件下,一个人能否取得成功,或者取得多大的成功,不完全取决于主观努力,还受客观环境和条件的影响。当然首先要主观努力,不努力肯定不成。但是环境条件不允许,或者客观情况在改变,你无法适应,你左右不了,也很难成功。比方说,有的学生分配在乡里,在乡里当个乡长也不容易哎,也不一定轮得到你当乡长呀,即使当了乡长也不过是科级干部。

1992年7月摄于南京农业大学,经贸学院1992届研究生毕业合影

问:在乡里当乡长很难。

顾:是的。要是分到中央、部里又不一样了,我们的学生在农业部当司局长有十几位呢,宰相府门六品官。最近我这个话讲了好几次,我觉得主要是看你有没有努力,有没有争取,如果你努力了、争取了,那就行了,至于能达到什么样的高度,不完全取决于你。所以我还有一个观点,这个观点大概很多人也有相同的看法,或者把我的观点引用了,就是人的一生就好像爬金字塔,爬到塔顶的人肯定是少数,有几个人能达到顶端呢?但是有一条,如果你能够爬到第五层,就不应该在第四层停下来,你还可以再爬一层为什么不爬呢?特别

是年轻人，如果我对 50 岁的人讲话就不这样讲了，年轻人能够上就上，还有空间。这也就是王安石在《游褒禅山记》里说的："有志者，不随以止也……尽吾志也，而不能至者，可以无悔矣……"

问：很多年轻人不觉得自己可以再爬高一点。

顾：有的时候我在想，作为一个教师，尽管好像无足轻重，没有多大权利，也没有多大的财富，但是其言其行对学生的影响是比较大的，无论知识层面、思想层面甚至是生活层面都会有影响。所以，教师的确是一个崇高的职业。

问：是的。

顾：我跟你讲，我们大学还学物理学，全班只有我一个人考优秀。

问：你连物理学都学得那么好啊！

顾：其实也没有学多好，可能对物理学比较感兴趣。教物理学的老师是农机分院的一位教授。他说："你们不要急，你们跟着我一起思考。你看我是怎么提出问题、怎么分析问题、怎么解决问题的。你们要记就记我最后的结论。"所以我们听他讲一堂课，等于听了一个故事，最后有一个结尾。他的教学方法，我确实一辈子都在学习。我一辈子讲课没有讲稿，都是卡片，我觉得那可以自由发挥。如果有讲稿怎么讲呢？照上面念、照本宣科没有意思，一旦脱离了讲稿更不好讲，所以我不大赞成用讲稿。

问：是的，因为课堂是一个再创造的过程，每一节课都是一次再创造。

顾：有同学说他读研究生的时候听过我讲课，他说："我就希望听您自由发挥，照书上讲的东西我们不一定感多大兴趣，我们可以自己看。您自己发挥出来的东西，我们可能更有兴趣。"我有的时候讲课会突然产生顿悟和灵感。所以，说教师上课是一碗水和一桶水的关系，这是有道理的。我记得当初当系主任的时候，也请过科学院、社科院的人来讲课。大专家来讲课，有时候效果并不是太好。其中一个原因是，他们是有学问、有研究，希望把所有东西都告诉学生，把最高端、最核心的东西告诉学生，而他们对教学并不太在行。可能学生听起来杂乱无章，甚至于听不懂，所以效果不一定好，但是对于学生的未来可能最有帮助。所以我不大赞成学生给教师打分。学生可以对老师做出评价，但是不能作为评价的主要依据，因为有一些东西毕竟学生还没有学，怎么能评价老师专业上的水平呢？我讲统计学，讲到后来确实是这样，我带两支粉笔就能讲。如果单纯追求学生满意的话，并不困难，讲得有条理化一点，讲得生动一点，考试的时候放得松一点，学生肯定都会满意，但是对学生未来发展未必有好处。所以当一个教师要凭良心。

问：做教师是一个良心活。

顾：所以说起来，我们可能觉得对领导要求高，其实对教师要求也很高，否则你作为老师怎么站在这个讲台上？包括你的品德、你的为人、你的学问，天天都在接受检验，实际上要求是很高的。我1960年一毕业当老师就上讲台，退休后还一直带研究生，一直带到2013年最后一个博士生汪泉通过论文答辩，教学生涯画上句号。

2018 年摄于南京七桥瓮公园
前排左起：易中懿、顾焕章、任露茜、董维春
后排左起：刘红明、顾建敏、王勇明、傅兵、应瑞瑶、王怀明

2019 年 2 月 20 日摄于深圳，南农农经系校友聚会
前排左起：顾江、顾焕章、任露茜
后排左起：傅龙波、林敏雄、张文凤、侯晓娟、许小松、
王红兵、周国平、程晓平、黄武祥

十、不慕官位情系教育

顾：2017年4月15日，孙颌教育基金捐赠仪式在南农金陵研究院举行，我也参加了，还讲了话，因为孙颌是我的学长。当时还请了胡福明、吴镕。我们三个人在休息室里见面，就想起来了1990年的一件事。

我从1989年讲起。1989年的时候，南农换领导班子，农业部党组已经决定了我任副校长，农业部党组成员、人事司司长杜宾找我谈话，学校党委书记费旭也找我谈话，准备公布了，15号找我谈话，打算18号公布。领导计划叫我管什么呢？管后勤。原来是周有忠副校长管后勤，还有张周莱副校长管财务。谈话的时候，我是怎么表态的呢？我说："作为党员我服从组织安排，但是征求我个人意见的话，我愿意留在农经系从事教学科研工作，对后勤工作不熟悉。"因为我态度比较明朗，所以部党组又临时决定换人，宣布的时候，黄为一任副校长。原来找我谈话时是怎么讲的呢，我当副校长，管后勤，黄为一做校长助理协助我管后勤。因此这个副校长我就没当了，这个事全校都知道。

2020年4月初，在老干部办公室偶遇费旭老师夫妇，我跟费旭老师说："这一辈子费老师您找我谈过三次话，至今难忘。"第一次是在60年前，费旭老师主考我的马列主义课程。他是马列室的教研室主任，当时我们考马列主义怎么考，你知道吗？学苏联的，口试，在题库抽题当场回答，我有些紧张，抽到一道题，我记得很清楚，题目是"为什么到了社会主义社会还有资本主义思想残余？"我怎么回答的呢？

我用"存在决定意识,但是意识落后于存在的理论"来解释,这是马克思主义的观点。很多时候实践走在前面,理论不一定跟得上。所以费旭老师给了我 5 分,满分。这是第一次谈话。第二次谈话是 1989年叫我当副校长,我婉言拒绝了。第三次谈话,就是我刚才要讲的事情,1990 年的时候,胡福明推荐我担任江苏省社会科学院院长。我开始不知道,省委常委通过了,通知学校叫我去报到。这次又是费旭老师找我谈话。谈话很简单,就说"省委叫你去报到,我给你车都派好了",那么我就去省委了。

到了以后,找我谈话的是当时省委副书记孙家正,他后来任文化部部长。在座的还有潘震宙,当时是省委宣传部副部长。我跟潘震宙怎么认识的呢?在"文革"期间,即 1971 年到 1975 年,我被抽调去省委写作小组,我和潘震宙在一起工作了五年,所以跟他比较熟悉。挺有意思的谈话,我记得很清楚。说得白一点就是先给我戴高帽子,表扬了我一番。孙家正当时这样跟我讲,社科院院长这个人选比较难选,首先必须学术水平高,否则不能担当这个职务;第二,党性要强,这是党的阵地;第三,要能团结社科界。他说:"根据我们的考察,你这三个条件基本上符合。"好像还没有加"基本"两字,就是"都符合"。

谈了很长时间,具体不多讲。我最后的表态和上次一样,我说:"我作为共产党员,当然服从组织安排,但是我教书教了 30 年,不愿离开南农。另外一个,我可能不一定能够胜任这个工作。"孙家正听了我的想法后,他又谈了一个看法。他说:"你可以这样,你当这个院长,同时可以兼南农的教授。"当时我是副院长,院长是张周莱,他是副校长不当了来经贸学院当院长的,但学科带头人是我。孙家正建议我可以两边兼任,潘震宙就在旁边对我不停地鼓励,他说:"老顾,你不成问题,肯定能够胜任这个工作。"最后孙家正让我回去再考虑考虑,我回来以后,就打听是谁推荐的。后来我听说是胡福明推荐的,你知道胡福明这个人吗?

问：知道。

顾：就是《实践是检验真理的唯一标准》的作者，原来是南京大学哲学系的系主任。后来因为这篇文章出了名，胡福明就到省里去了，是省委常委，做过宣传部部长，当时是省委党校校长。我听说是他推荐的，就到省委党校去找他。那时省委党校在建邺路，我走到党校门口，碰到吴镕，时任省委农工部部长。他问我："你来干什么？"因为我"文革"以前就认识他，"文革"以前他就是省委农工部长，我们比较熟悉。我就如实说："省委叫我当省社科院院长，而且参加党组，但是书记不是我，我考虑到我不一定能够胜任。"吴镕跟我讲了一句话："这个地方你还愿意去啊？如果你要房子住得大一点，车子坐得小一点，你就去吧。"他说："据我看，你好像不是太适合。"好像是这个意思。吴镕也是很有名的，是杜润生很欣赏的人，是江南才子，无锡人。我说："我是不想去，所以我来找胡福明。"他说："那你赶快去找他吧。"我找到胡福明以后，胡福明问我："你是真不想去还是假不想去？"我说："我真不想去。"他说："那这样，你要真不想去，你必须写一个书面的东西给省委，因为省委常委找你谈话，已经决定了，直接口述不行，这是第一；第二，你要找到一个站得住脚的理由。"他这两点提得很重要。

问：因为您必须服从党的组织安排。

顾：我说："什么理由呢，我身体不好，胃有毛病，长期有胃病嘛。"他说："这个理由站不住，你在南农当院长、当系主任，怎么就能行呢？"

问：这个理由确实没有说服力。

顾：我说："那怎么办呢？"胡福明给我出了个主意。他说："你只要讲一条，你愿意一辈子教书，省委就拿你没办法了。"果真这样子。我回来以后写了一封信，由孙家正副书记转省委常委，首先我感谢省委的信任，最后是我愿意终身从事党的教育事业。

信送上去以后，我怕这个事情还不落实，就又找了一个人，所以有人开玩笑，说我不当官也要开后门。我找了王红谊，他当时是我们学校党委副书记,和孙家正都是团省委出来的,孙家正当团省委副书记的时候,他任学校部部长,他们关系比较好。我跟王红谊说:"你给我找找,帮我再说说话吧!"他真的帮我说了话,所以一个月以后,孙家正的秘书给我打电话,告诉我省委同意了,说换了另外的人,我可以不去省社科院了。后来谁去了呢?胡福明自己去了,胡福明以后是谁呢?是宋林飞,宋林飞以后是刘志彪。

问:估计胡福明只好自己去了。

摄于 2017 年 4 月,右为胡福明,中为吴镕,左为顾焕章

顾:特别有意思,不当官也要找人开后门。后来有人告诉我,孙家正做文化部部长的时候,在有个场合做报告,他说,真有人不想当官,比方说南农有个某某某。当然我没有核实这件事。这次南农孙颔教育基金会开会,胡福明、吴镕和我三个人又见了面,这次胡福明已经坐轮椅了,我们还一起照了相。想起 28 前的往事,吴镕还特地重复了那句话:"当时我跟你讲了吧,要住房子大一点,车子小一点,前呼后拥,就去。"那么去了以后,作为省社科院的院长,肯定住房条件会改善,肯定有专车,我在学校当老师当然什么都没有。我在微信朋友圈里专门发了一篇,写这段故事。真是往事如烟啊!总而言之,我在南农时,学校对我确实不错,给了我很多荣誉。

问:是您本人努力的结果。

顾:当然我也做了努力,也做了些事情。我的老师刘崧生先生对我的影响较为重大,他经常教导我,学者的道路是一条清贫的道路、艰苦的道路。我现在感觉到,学者未必清贫,艰苦的道路这个说法还是对的。从教 60 年来,我对于学农和当教师这两个选择,从不后悔。

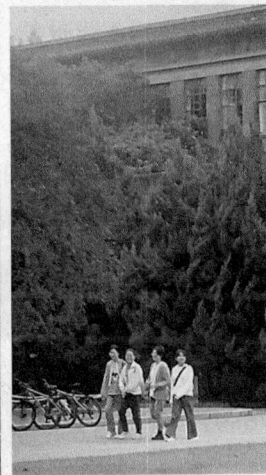

顾焕章摄于 2021 年 3 月 15 日,卫岗校园一角

十一、院士落选留遗憾

问：顾老师，人生中有什么遗憾吗？

顾：2018 年 7 月 18 日，我在微信朋友圈里发过"未完成的院士梦"。2003 年，学校决定推荐我作为中国工程院工程管理学部院士候选人，当时王春春在人事处当处长，申报材料是在他的帮助下完成的。我是两条线报的，南农属于农业院校，因此可以报农业部；南农又是教育部主管的高校，因此也可以报教育部，教育部是人事处替我报的。

我原来认为在农业部有较大的优势，我曾任农业部科技委员会委员和农经学科组组长，主持农业部"七五""八五""九五"重点课题达 15 年之久，曾获两项农业部科技进步奖和中华农业科教奖，还获得两项江苏省哲学社会科学优秀成果二等奖，而且农业部的司局级干部有我的学生。谁料在农业部第一轮评审中就落选，因为竞争比较厉害，农业部常务副部长也参选院士。

我认为教育部一点希望都没有，教育部有 30 几所高校，像上海交通大学管理学院、清华大学管理学院、西安交通大学管理学院，都很厉害的，我想我和他们比恐怕比不上。我没有料到的是我竟然在教育部前面几轮过五关斩六将都过了，成为院士有效候选人。最后一轮终审在北京开会，盖钧镒参加了，参加的还有汪懋华院士，曾任北京农业工程大学副校长。他们两个告诉我教育部通过了，我都不相信，怎么可能呢？管理学部大概是 20 多个人，通过 4 个人。近日清理资料，又见当年《光明日报》刊载的院士有效候选人名单及教育部的提名书,我作为工程管理学部候选人名列其中。

最后一关是院士大会。院士大会是农业、环保、轻工三个大组在一起,80几个院士一起投票。介绍我材料的是卢良恕,卢良恕是当时的中国农科院院长、中国工程院副院长,原来是我姑父梅藕芳的助手。投票结果我没有过三分之二,很遗憾我没有当选,当时有些怅然,但细思之,主要是条件不够,我的专业是农业经济管理,申报工程管理院士吻合度不高,而我在农经方面的成果与工程院士的要求还有相当距离,所以就想通了。不过,我要感谢卢良恕先生,他在院士会议上亲自介绍我的材料,我深感荣幸!我还要感谢我校刘大钧院士,他在院士会议上发言对我表示支持。

问:顾老师,"院士梦"没有实现还是比较遗憾的。

顾:开始是有点想法,后来慢慢就没有了。隔年郑小波校长问我要不要再报,我说我这辈子就报一次,这是中国最高的学术殿堂。而且塞翁失马焉知非福,你以为院士那么好当的,也不好当呀,要到处做报告,人家寄予很大的希望,希望能得到新思维,70来岁的人了,哪有那么多新思维?所以我没评上以后反而逍遥自在,2004年公布没评上,2005年我就退休了,71岁退休的,退休以后我自由自在,挺好的。如今15年过去了,我能成为有效候选人参加决选,就如电影界未能获得奥斯卡奖,但当了一次提名人一样,也是一件令人高兴的事!

十二、难忘的人和如烟往事

问：顾老师，还有哪些难忘的人和事情？

顾：对刘大钧校长我要特别感谢，我一生中有几个关键点，都得到过刘大钧校长的支持，至今难忘。第一件事情是关于学科发展。1984年春天，我继刘崧先生担任农经系主任后，积极拓展学科，筹办三个新专业。面对困难，当时有一种议论认为我冒进，所以我压力较大，但刘大钧校长高瞻远瞩，给予我宝贵有力的支持。他调动学校各有关方面的资源，要求学校各个单位大开绿灯，资金、人才的引进对农经系优先照顾。这个很重要，如果当时校长不支持，我是办不起来的。有了刘大钧校长的支持，这几个新专业在两年之内全部上马招生，为学院和学科的蓬勃发展奠定了基础。当然刘大钧校长也曾经问过我："你准备好了没有？"我说："刘校长，我如果不办专业，我哪一天才能准备好？准备好了再办有可能吗？我只有在办的过程当中创造条件。"后来他赞成我这个意见，他也想把学校做大，将南京农学院改名为南京农业大学的就是刘大钧校长，他想把这所大学办成大学的样子，因此他主张理、工、经、农全有。

第二件事情是1988年报评职称。报职称的时候，学校给农经系五个正教授申报指标，不是五个人都能上，只是可以报五份材料；因农经系内无法平衡，我报了六个（包括我在内）。人事处开始也没把材料打回来，都接受了。校高评委开会前一天，校有关部门突然通知我要拿掉一份。我怎么拿呢？我想，找人事处也没用，我就直接面见刘大钧校长。我跟他是这么陈述理由的，我说："哪六个人呢？郭宗海是我的老师，朱唐也是我的老师，周铭也是我的老师，而且他们在统计学、在管理学方面都有建树，解放前他们就开始了研究；还有一个是吴敬业先生，是搞数量分析的，解放前就很有名气，是刘崧生先生请来的。这四个人不能拿吧，另两个人是谁呢？王万茂是副系主任，我也在里面，我是系主任。"我说："我系主任放进去，把副系主任拿掉，这个也不合适，而且王万茂从苏联留学回来的，文章很多，成果也很多，我说这个不好办。"结果刘大钧校长当时没讲话，沉默了一小会。我看他沉默，我说："这样，刘校长，我不为难你，把我拿掉，不就解决了吗？"我拿掉以后，我明年就是排头兵，这样大家就没矛盾了。后来刘大钧校长又想了一下，表态："那好吧，放在里面全校差额投票。"所幸，第二天校高评委开会，农经系六人全部入选，没把我们刷掉，一共刷掉六个，但农经系一个没刷掉。这样不仅解决了我的难题，我也顺利当上了教授。你想当时拿掉哪个都不好，我只能拿自己，拿自己的确也不合适，因为我是系主任，而且我成果也不比他们少。

第三件事情是 2003 年申报院士。我一生只报过一次院士，经层层评审在教育部出线了，成为有效候选人，最后在院士大会分组会议上决选投票中未获通过。但是我为什么感谢刘大钧校长呢？原来应该由本单位院士刘大钧校长介绍我的材料，但是我的材料由卢良恕介绍了，本来没有刘大钧校长的发言，但他站起来给我讲话，这是后来其他院士告诉我的，刘大钧校长本人没告诉我。对于刘大钧校长的学者风范和对后辈的关心，我内心充满感激之情。所以我一辈子的这三个关键点，第一个是学科，第二个是职称，第三个是院士，刘大钧校长都给予我宝贵的支持。

孙颔先生是我一生中最敬佩的领导、学者之一。他 1946 年考入中央大学农经系，是我的老学长。他 1948 年入党参加学生运动，是革命先驱。他曾任江苏省农科院院长，南京大学和南农的兼职教授，是研究生导师。他是中国农业综合区划的倡导者、先行者和组织者，是著名的农业区划专家。他是尊师、尊老的模范,在刘崧生先生铜像落成时,他身为省领导亲自来校揭幕。他和中科院南京地理研究所老所长周三立教授长期学术合作,成为莫逆之交。他才华横溢,著作颇丰,人称江南才子。他将身后财产捐献给母校充当教育基金,是助学的楷模。2015年2月,孙颌先生去世时,我发自肺腑地写下了这样一句话:"一身正气,两袖清风;高风亮节,尊老亲民;风度翩翩,才华横溢!"

另外还一件很有意思的事。1993年《邓小平文选》第三卷出版的时候,全省开展学习"邓选"活动,第一期训练班是在省委党校学的。哪些人呢?有省委书记、各个市的市委书记,还有部门的负责人,比如建委主任、发改委主任(当时叫计经委主任)。所有人住在党校一周,集中学习。培训班聘请了五位教授作为辅导员,哪五个人?我、

1993年11月,江苏省委《邓小平文选》第三卷学习班合影
胡福明(前排右4)、洪银兴(后排左1)、沈立人(后排左3)、宋林飞(二排左1)、顾焕章(二排右1)

洪银兴、宋林飞、沈立人,还有胡福明,我们也住在那里一周。那时候的洪银兴真年轻,胡福明虽已白发,但风度翩翩。有一个历史的巧合,这五人在2013年都被评为首届十大"江苏社科名家"。

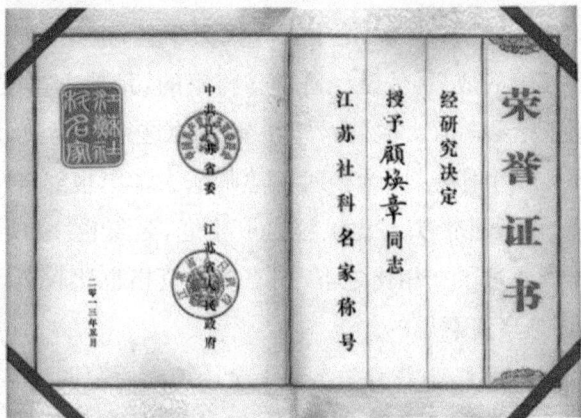

问：江苏省社科名家我们南农有几位？

顾：我们南农有两位,一位是我,一位是钟甫宁;我是第一届,他是第二届。

关于南京大学的博士点申报,我讲一个故事给你们听。南京大学当时既没有经济学博士点,也没有管理学博士点,两个点都没有。当时南京大学商学院院长叫周三多,现在是南京大学荣誉资深教授,享受院士待遇。南京大学凡是获得"江苏省社科名家"称号的,都叫作资深教授,没有评上的也有六七个人成为资深教授。

周三多是搞管理学的,是全国MBA教材中心主任,他1933年生,比我大一岁,我们关系一直很好。1993年申报博士点的时候,他本来没有申报。我有一次给他打电话,我说："你这次有没有报啊?"他说："我没报呀,洪银兴报了经济学。"我说："你怎么不报呢?"他说："我还是感觉力量很薄弱呢!"我建议他申报,跟他说："你不报的话,明年就不能报了。"他马上就满60岁了,因为国务院学位委员会规定报博士点的学科带头人不得超过60岁,他考虑后决定申报。报博士点必须有五个研究方向,每个方向都要有教授,人不够,他从经济学那边聘了几个教授兼职跨过来。结果没有想到歪打正着,洪银兴报的经济学博士点没有通过,他的管理学却通过了,他挺高兴的。那时候我们在京西宾馆开国务院学位委员会会议,洪银兴的博士导师叫卫兴华,是有名的经济学家,是中国人民大学的,也是国务院学位委员会学科评议组的成员,他是经济学学科组的,我是农林经济管理学科组的,我们天天碰面。他也希望洪银兴的这个点能过,结果没有过。我大概有一个印象,因为当时福建师范大学申报经济学博士点,是政治经济学,学科带头人比洪银兴资格老,名气也大,所以福建师范大学博士点通过了。相比之下,周三多的资格也比较老,他的管理学通过了,还是蛮有意思的。

20世纪90年代末,我有幸参加了全国博士后第四届学科组。当时经济学与管理学在一个组,共九人,2000年在香山开会,任务是评审全国高校和科研院所申报的博士后流动站。当时我是国务院学位委员会农林经济管理学科评议组第一召集人,但在全国博士后管委会经济学与管理学评审组中我是组员,那更高一个层次。董维春当时是农林经济管理学科组的秘书,我是组长,他也就是我的秘书,陪我一起去的。这个博士后评审组除了我,都是当时国内学术界的著名学者,组长是李京文和厉以宁。李是院士,中国社科院的。厉是北京大学光华管理学院院长。组员汪应洛是西安交通大学教授,是工程管理学的泰斗,2003年,他和我都申报工程管理学部院士,都进入决选,成为有效候选人,但在最后院士大会投票时,他通过了,成为工程院院士,而我未获通过。我和汪应洛此前也有过交集,他是教育部全国重点学科评审委员会管理学科评审组第一召集人,我是第二召集人。组员苏东水是复旦大学的教授,被誉为东方管理学的创始人。还有赵纯均,他是清华大学管理学院副院长,这个人很风趣。之前朱镕基总理兼任院长,后来朱总理不兼了,他当上了院长,大家祝他高升。匆匆20年过去了,但这些点点滴滴的回忆,尚未随风而逝。

当时南京大学申请经济学博士后流动站,南京大学的申报有一个什么问题呢? 根据规则,博士点必须有三届毕业生才能申报博士后流动站。南京大学 1994 年才有管理学博士点,1998 年才有经济学博士点,2000 年就申报博士后,就是博士毕业还没有满一届,这个按照规定就不好办了。但是我们找了一个理由,南京大学虽然 1998 年才有经济学博士点,但是 1994 年就有管理学博士点,已经招收了应用经济学研究方向的博士,到 1999 年已经有三届毕业生了。我说:"博士点没有三届,博士生毕业有三届了。"厉以宁认为应该实事求是地对待,让大家讨论决定,最后表决通过了,我当然投了赞成票。我们当时能够参加这样的一个评审机构,就充分说明我们南农农经在学术界的地位。

中国现代有两个人对市场经济发展的影响最大。一个叫吴敬琏,他从 20 世纪 50 年代就提出市场经济。"文革"以前,在那种政治气氛里,他能够提出市场经济很不简单。到了 20 世纪 80 年代初,吴敬琏竭力倡导市场经济,虽然遇到重重阻力,但是他矢志不谕,所以他的绰号是"吴市场"。匈牙利著名经济学家科尔奈的《短缺经济学》对中国的改革开放起了积极作用,最近据范世涛考证,科尔奈的这本比较经济学的重要著作及其理论能够引进中国,吴敬琏作了很大的努力。

另外一个人就是厉以宁。他在 20 世纪六七十年代提出要实行股份制,被称为"厉股份"。我对厉以宁的印象有二:一是 20 世纪 80 年代,受了厉以宁发表的许多论述股份制文章的影响和启发,我也和蒋琳合著出版了《股份经济概论》一书,是由科技出版社出版的。那时候中国股份制才开始试点,我们在书中提出"股份经济是社会主义经济的新基点""股份制是我国所有制发展的必然趋势和历史潮流"等较为激进的观点。此书在 1989 年 3 月已经准备出版了,但由于这一年国内形势发生了一些变化,被暂时搁置了,到 1990 年还是出版了。蒋琳是王荣的同班同学。

问：哦，77 级的学生？

顾：是的，他现在在江苏省土地管理局，当过处长，后来做土地规划研究院院长。当时我们写这本书其实还是有一点风险的。还好后来出版了，内容一点没有改。我们觉得宁愿不出版也不要改，为了出版改自己的观点就没有意思了。

二是我刚才提到的参加全国博士后管委会经济学与管理学学科评审组，厉以宁是组长，因此有了近距离观察他的机会。他毫无名家的那种居高临下的姿态，讨论问题也能倾听大家的意见，就像一个温文尔雅的家长，而且也比较通情达理。我的印象中厉以宁是一位既平易近人又有大家风范的学者。

21 世纪初，全国博士后管委会经济学和管理学评审组开始分开，我参加管理学评审组，没有参加经济学评审组。管理学评审组组长一个是纪某，中国人民大学校长，原来在教育部当过司长；还有一个是闵维方，教育经济学家，北京大学党委书记。他们和厉以宁开会时的风格很不一样。

还有关于青年科学家评审趣事。20 世纪 90 年代后期，江苏省社科界评选青年科学家，每个大学科一名，例如经济学、社会学、哲学各有一名。经济学评审组由我（时任南农农经研究所所长）、周三多（时任南京大学商学院院长）、沈立人（时任江苏省社科院经济所所长）三人组成，由我任组长。经认真评选，最后推出曲福田（南农）和范丛来（南京大学）两位候选人，两人的学术成就和影响力旗鼓相当，难分伯仲。然而，省里有关部门要我们复议，推出一人，我们复议仍为两人，并申述理由，"诺奖"尚可分享，为何"青奖"不能分享，但省里还是坚持评一人。无奈，我们提出请省有关部门另选三位学者成立评审组复议，省里也不同意，此事遂陷于僵持状态。不久出现了转机，因为社会学评审组未能推出候选人，此名额正好由经济学评审组替补，于是，曲、范二人皆被评为青年科学家，结局完满。

还有卢永根院士也需说一说,我曾经和他一起访问台湾。1995年6月到7月,我们以卢永根院士为团长的大陆农业专家代表团一行访问台湾,先后访问了台湾中山大学、中兴大学、逢甲大学、台北大学以及台湾政资馆、凤山农会、农贸市场、恒春农场等,并与台湾有关单位举行了一系列座谈会和记者访谈等活动。卢院士多次发表讲话,访台取得了圆满成功。卢院士那种大度从容、平等待人的态度,知识渊博、求真求实的学者风范,给我们留下了深刻的印象。在一次闲谈中,我问卢院士:"您最高兴的是什么事情?"出乎意料的是,他不是讲科研上的成功,而是讲他担任校长时,培养和选拔了八位青年才俊,后来都成为有关专业方面的领军人物,其中有我所熟悉的温思美教授和我所认识的骆世明教授。可见他的胸怀是如此宽广!

1995年,随卢永根院士(左5)访问中国台湾地区逢甲大学

近年来我最伤感的一件事,就是我一生中最好的朋友——杨德祥教授得了老年认知症。日前我去看望他,他神情恍惚,目光呆滞,虽然还认识我,但已无法交流。我提起老同学的名字,他尚能点头示意,但对于近几十年的事反而很茫然。1960年,我们一起留校任教;

"文革"十年，我们一起经受了疾风暴雨的考验；改革开放后的20世纪80年代，我担任系主任，他是党总支书记，对我的工作百分之百支持；退休以后，我们仍然保持这种真诚的友谊，我在他面前几乎就是一个"透明人"。现在这个可以谈心倾诉的人、一个大好人，成了这个模样，真令人无限感慨，仿佛这个世界也失去了许多光辉。所幸他还有一个和谐的家，家人都很有爱心，对他悉心照料，令人感到有几分欣慰。

十三、展望农经学科发展

问：您对南农农经学科的发展，有什么好的建议吗？

顾：回顾百年农经，南农农经学科在我国建立最早，1921 年建系并招收本科生，1936 年开始研究生教育，曾有辉煌的历史。"文革"期间停止招生，1977 年恢复招生后再度蓬勃发展，和兄弟院校农经学科一起，在教学、科研和人才培养方面取得了很大成就，它是多少代农经人心血的凝结。所有的辉煌只能代表过去，新时代新农村新发展当中有许许多多的新问题新矛盾需要解决，南农农经学科任重道远，期待新一代的农经学人作出更大的努力，取得更大的成就。

我们基础应该是比较好的，而且近几年我看到又有新的提高，这次评比 A$^+$。① 现在我谈谈几个问题：第一个问题是对年轻学者，怎么样加快他们的成长，恐怕要加大力度。我有个看法，一个人如果在 40 岁以前还不能够崭露头角的话，那以后就难了。也不是说不可能，但难度比较大。所谓学科的竞争就是人才的竞争，而且从长远看，现在的年轻人队伍如何、成长的速度怎么样，这是决定未来 10 年、20 年发展的关键。需要排排队看看，现在 40 岁以下的年轻人有几个能在全国打响名号的。不能光在学校里关起门来称王称霸，那不算，学校的头衔好给的，而应该在全国的同行当中，最好在国际上能够被认可，具有影响力。这是对年轻学者的加快培养方面。

---

① 2017 年 12 月 28 日，教育部学位与研究生教育发展中心公布全国第四轮学科评估结果，参评农林经济管理学科的有 39 所学校，南京农业大学评估结果为 A$^+$。

第二个是发表论文的问题，能够在重要刊物、国际刊物上发表论文，这也是衡量水平的一个标志。但这仅仅是一个标志，不能把所有的标准都放在这个上面，还应该对现实当中的一些重大问题能够加以回答或者解决，我们应该争取有发言权。

但这不是靠一个人能完成得了的，要靠一个团队。组建团队也不是硬性规定哪几个人，这要通过共同的研究磨合形成。我相信一条，有目标才能有团队，没有目标就没有团队。因此我们必须设定解决问题的目标在哪里，然后围绕这个目标大家怎么共同努力，或者分兵合击，拿出大的成果。作为学科带头人，不管是大的带头人还是小的带头人，都要有眼光和魄力，要看得准一点；还要有气量，能够团结人。现在可以这样讲，无论国内国际，哪个大的成果是一个人完成的？即使是诺贝尔奖获得者也不只是一个人。因为现在和过去时代不同了，如果不能团结一批人，就出不了大成果。要团结人，一个是你的学术水平本身要高，另一个就是人格魅力，大家信任你，觉得你这个人能够共事。

另外，学校作为一个整体也要考虑对农经学科怎么扶持。现在农经学科面临的竞争态势，和我们那时已经不一样了，形势有变化，所以要审时度势。虽然南农有农林技术学科的优势，但是现在财经院校、综合性大学起来了，其相关学科的支撑比南农要强，要看到这一点。

现在学科的发展一方面分化越来越细，分门别类的研究，微观到微微观。但另外一方面，学科之间的交叉、渗透、综合越来越强。所以我们要找到这个连接点，才能出大的成果，或者出快的成果。社会科学和人文科学、技术科学、经济科学，怎么样能够相互配合，采取什么办法，这个要从学校整体角度去考量。我30年前读过一本书，是西安交通大学一个讲师写的，叫《非平衡系统经济学》，钱学森写的序言。本来我没注意，一看是钱学森写的序言，就看了看，真受启发。他用热力学第二定律讨论经济。热力学第二定律就是熵增加原理，在一个封闭的系统中熵增加，最后趋向于热寂，这个状态就停止运动,等于灭亡,这个系统就死了。所以要与外界交换,增加负熵才能保持平衡。实际上,学科之间环境要互相交换,如果是一个孤立的封闭的系统,那么进步就很慢,甚至于没有进步。

总体来讲,南农农经的后来者做得很好,比我们做得好。我不是讲客气话,因为我做的研究是 20 年前、30 年前甚至于 40 年前的,他们做的是最近 10 年以内的,最近 10 年我已经不做研究了。另外,他们对外语的掌握肯定比我好,他们对新知识的吸收肯定比我多,他们对先进工具的运用肯定比我强。就像手机,有很多功能我都不愿意去用,年纪大嫌麻烦了。当然从积累的角度看,可能我们过去经历的事情比较多,经验、教训多一点,所以有一点优势。

1998 年,顾焕章参加华南农业大学"211"评审后访问中山大学
左 2 起:李善民、顾焕章、任露茜、顾海英、钟甫宁、于冷

问:您刚才提到学科交叉融合问题,对于农业大学来说未来该怎么发展呢?

顾:你提出了农业大学向何处去的问题? 这值得南农深思。举个例子,2017 年 12 月,教育部公布"双一流"建设学科名单,华南理工大学农学入选一流学科而华南农业大学农学未入一流学科,让很多人意外。由此说明,农业大学的出路要么并入综合性大学,要么自身发展成为综合性大学。当前农业大学面临许多困难:(1)生源不如综合性大学;(2)基础学科和相关非农学科及人文学科水平低于综合性大学,且发展缓慢,也制约农学类学科的发展;(3)个别学科有可能"入流",而学校"入流"难度很大,这种先天性的因素显得不公;(4)囿于农学学科独大,在吸引人才方面不如综合性大学有优势。而且从历史和现实来看,民国时期,著名的农学院都属于综合性大学,如金陵大学、中央大学、浙江大学等。一些发达国家以农学起家的大学很多已发展成综合性大学,如康奈尔大学。我国20世纪50年代学习苏联,把许多综合性大学的系科拆分为独立的专科学院,事实证明是不利于高校的全面发展的。特别是在当今的信息时代,学科之间的渗透、交叉、融合日益加强,更应改变单科性学校现状,向综合性大学的目标推进。

十四、和谐的家庭

问:顾老师,您能介绍一下您的家庭情况吗?您和夫人什么时候认识的?

2018 年摄于南京,顾焕章全家福

顾:我夫人任露茜在校医院工作了不少年,原来就职于南京第四人民医院。我们是经人介绍认识的,她在当时第四人民医院工作,借调到现在的南京市中医院工作,那一年有一种儿童传染病流行,她在传染病房。我有一个要好的朋友在南京市中医院工作,就给我介绍了。我们第一次见面在白鹭洲公园,那是 1963 年,我们 1964 年结婚的,1964 年到 2014 年,正好 50 年,金婚,纪念了一下。我们争取钻石婚,60 年。

她挺好，能勤俭持家，是比较传统一点的人。我这个人生活自理能力不强，不会做家务事，炒鸡蛋都会炒焦，全靠她照料我的生活和家庭。另外，确实我们在年轻的时候比较艰苦，家庭负担比较重。我有两个儿子，是双胞胎，那个时候要负担两个小孩。从1960年到1979年，我工资也没调过，一直是53.4元，她是35元，等于很长一段时间88.4元负担四个人。而且我母亲还在，虽然我母亲不是我主要负担，我两个妹妹负担得多，她们在上海。我夫人最后是在南农校医院退休，所以很多校友都认识她，可能不认识我。不管怎么说从那个年代过来了，如今我们风雨同舟50多年。

问：顾老师您很幸福，儿子也有出息。

顾：我两个儿子现在也当老师。他们在南京大学有一点名气了，因为双胞胎教授在南京大学没有第二家。有的人适合做官，有的人适合经商，像我呢，包括我两个儿子，基本上当教师还是比较适合的，要经商肯定不行。

1968年摄于南京，顾焕章家人

我特别感谢南农，我两个儿子开始都在南农培养的。他们二人均完成博士学位并选择了教师作为终身职业，而且幸运的是他们都执教于南京大学，在学术领域都有一席之地，成为教授、博导。这是我一生中最大的欣慰。

问：哪个阶段是在南农读的？

顾：顾江硕士是在南农读的，是农经硕士，是朱唐带的，博士是在南京大学商学院读的，导师是刘志彪教授，顾江现在是南京大学文化产业经济学带头人。顾海是药理学硕士，后来考上南农经贸学院博士研究生,是钟甫宁教授的博士,后来在南京大学完成博士后,现在是南京大学医疗卫生管理学科带头人,也是系主任。我有时候跟他们开玩笑,说你们要在南京大学能够立足,必须要做到五个一:一个学科你是带头人;一本刊物你是主编;一个学会你是会长;一个平台、研究中心或者一个系你是主任;还有一个博士点,你是点长或者是研究方向负责人。现在他们基本都达到了,像顾江的刊物《文化产业研究》已经办了10年,三年前进入CSSCI;顾海的刊物《卫生管理研究》才办两年,三年以后也可以申报。

这个是要创造条件的,我觉得南京大学应该说学术氛围还是比较好的。洪银兴跟我讲过两句话,我很有感触。洪银兴原来是南京大学的党委书记,是南京大学经济学科带头人,也是首届"江苏社科名家"。第一句话,他说:"我们南大只要你想干事,没有任何人给你设置障碍。"这句话我觉得有道理,他是说行政部门是为教师服务的。第二句话,"你不干事,没有任何人会批评你。"我说:"这个话好像不大对头了吧。"他说:"顾老师,还用得着我批评吗? 如果他不干事的话,他在学术界不进则退,用不着我批评。"他的话基本点在什么地方呢? 他相信每一位教师都是有上进心的,关键是要给教师创造条件,让教师积极性能够充分发挥,而不是整天搞太多的这个评比那个评比,搞很多的检查,生怕教师不上课或者上不好课。

南京大学基本就是这个观点,机关、后勤部门都是为教学、科研服务的,就是使教师能够更好地发挥积极性,如果教学、科研工作上不去,首先要考虑机关、后勤的工作有没有做好,而不是整天拿个小鞭子在后面赶,生怕教师教不好课、没有科研的积极性,这其实看问题看颠倒了。所以南京大学的氛围比较好。还有一条非常好,国际会议一旦接受教师的论文,全部国际差旅费由学校出,到现在还在执行。

问:学校负责国际差旅费?

顾:鼓励国际化,这个是有道理的,花的钱有限,但是效果很好。顾江2017年主持"中英国际文化产业高层论坛",在中国举办的,南农人文学院书记朱世桂也参加了。两年前在英国举行，两年后在中国举行，2019年又到英国南安普顿大学举行。2015年，顾江带六个研究生一起去英国的，其中有四个研究生的论文被接受，在大会做发言。南京大学研究生水平真不错，外语口语都可以。因为在国际会议上半小时发言可以提前做好PPT，还有半小时是回答问题，那个无法准备，所以专业和口语必须基本过关，要不然听不懂人家问什么，或者你讲的话人家听不懂。

刘崧生先生有一个观点，他说现当代社会信息量太大，因此最有效节约时间的方法就是去参加国际性会议或者讨论。第一，因为那种场合最集中，尤其每个人发言有时间限制，大家都把最美好的东西、高精尖的东西、最有效的东西拿出来，肯定是精华，因此参会者把人家的精华全部吸收了。第二，这种会议上各种思想的碰撞可以擦出火花，会给参会者启发。因为思想总是在交流、交锋当中前进，产生新的见解、新的看法。所以，虽然看起来好像花了一点钱、花了一点时间，但收获很大。2017年"中英国际文化产业高层论坛"，顾江把世界上文化产业比较顶尖的人都请来了，有美国的、英国的、加拿大的、澳大利亚的，还有英国皇家艺术学院很多人都请来了，听了他们的观点以后肯定有所启迪。

1998年摄于南京，顾焕章家人

名校还是有名校的道理。我记得有一年洪银兴说："我们南大既要培养青年才俊、骨干力量,也要培养大师级的人物,否则,一流的学科没有大师级的人物支撑,这个学科就很有可能萎缩。"当然不是随随便便就成为大师的,大师也不是那么好当的。

问:培养大师太难了!

顾:而且大师不是自封的,你自己把所有头衔加在头上也没用,要同行都认可才行。南京大学有的学科已经感觉到,大师走了,下面的人接不上来,整个学科就下去了。比如中文系,过去像陈白尘、程千帆,那都是国学大师,程千帆以后就没有了。像茅家琦,跟我一起被评为"江苏省社科名家",那也是在全国历史学界数得上的人物,现在下面接不上来。南京大学已经感觉到这个问题具有迫切性,所以2018年7月召开文科工作大会,提出来要有大师加团队,很有道理。我也希望南农在文科方面能够出一些大师。

问:顾老师,您就是大师。

顾:我不是,我算不上,我们已经是另外一个时代的人了。

1999 年 11 月 11 日,顾焕章 65 岁寿庆合影

下篇

思海拾贝

一滴水也可以反映太阳的光芒。这部分内容是我近几年来在微信朋友圈里发的一些小议论和随想，这是变革的大时代洪流中小小的浪花，是广阔海滩上的小贝壳，但确是我的真实想法和愿望。

——顾焕章

一、往事依稀

私塾读书什忆

我5岁上学,最初读的是私塾,两年后才进邹家河小学。塾馆就在老家的院子里。我记得第一堂课就是"孝""悌""忠""信""礼""义""廉""耻"八个大字,以后就是《三字经》《千字文》及"四书五经"的选读。当时对课文大都不理解,主要学习方法就是背书,背不出,老师就用戒尺打手心。记忆中印象最深的就是如何背书,由于每个人都要背,而且背时还要有韵味。老先生也会听觉疲劳,较长的课文开头声音高,中间背不出就可以含糊其词,蒙混过关。有的课文不懂,就胡编乱解,加深记忆。如《孟子》篇中"孟子见梁惠王,王曰:'叟!不远千里而来……'"解释为孟子用剑刺梁惠王,王说刺到手了!诸如此类。如何减轻打手心的痛苦,也有许多办法,如用砚台光面放在手心上,可减轻火辣的感觉,或者用生姜片擦手,使之麻木,减轻痛感,不一而足。这种教育方法早已成为历史了,只是留下一些依稀的记忆。(2020.5.4.和园)

关于儿歌的回忆

最近听到孙女果果唱起儿歌"门前大桥下,游过几只鸭",觉得内容还不错。但总的来说,现在适合儿童学唱的好的儿歌不多,大多是成人化的语言,格调也不高。这不禁使我想起幼年时期长辈们教的儿歌,不仅内容健康,而且还很有韵味,其中有两首我现在还能背诵。

一首是《锄头歌》,歌词是:"手把着锄头锄野草呀,锄去了野草好长苗呀!咿呀嗨!呀嗬嗨!五千年古国要出头呀,锄头底下有自由呀!咿呀嗨!呀嗬嗨!"另一首古诗《夏日田园杂兴》,歌词是:"梅子金黄杏子肥,麦花雪白菜花稀。日长篱落无人过,惟有蜻蜓蛱蝶飞……昼出耘田夜绩麻,村庄儿女各当家。童孙未解供耕织,也傍桑阴学种瓜。"这些儿歌、古诗对于孩提时代的幼儿心理影响很大,所以至今仍不能忘怀。(2019.1.5)

母亲的金句

我母亲虽然一生历经坎坷,但仍能活到 87 岁高龄才离世。她出生于一个中医世家,虽然读书不多,但知事明理。她终身信佛,心地善良,也影响了我们的成长,特别是她有许多朴实无华的"短语",是我幼年最早接受到的生活指导,有些"金句",至今难忘。如"早起三光,迟起三慌。"(早作准备才能遇事不慌)"心不在焉,吃糖不甜。"(做事要专心致志)"泥菩萨过河,自身难保。"(保全自己才能帮助别人)"打人没好拳,骂人没好言。"(情绪失控时动作一定粗野)"灯下显美女,月下显美男。"(发挥优点与环境条件有关)还有很多类似的语句,平时虽然遗忘,但遇到一定的情境就会想起。(2019.11.27)

我生命中的第一个贵人——邹岳生工程师

抗战期间,苏北兵荒马乱,我父亲因病早逝,母亲抚养我们兄妹三人,十分困难,是大姨母王丹元把我和大妹接到阜宁邹家河村上学。大姨父邹岳生虽在外地工作,但仍能资助姨母建新房和维持正常的生活。抗战胜利后,我随姨母一起到上海,住在南市卢家湾由大姨父提供的一幢房子里,过上较安定的生活。在大姨父的帮助下,我也得以继续上学,直到解放后参加工作。

邹岳生早年毕业于北洋大学土木工程系,是一位杰出的工程师,曾经设计和修建著名的滇缅公路的 24 道拐,号称"公路巨子"。但他在"文革"中受到冲击,后来不知所终。令人高兴的是,为了表彰他的历史功绩,2013 年,家乡盐城为他树立了纪念碑,建造了衣冠冢,并举行了隆重的纪念仪式。尤其是在他的侄儿邹人偁(我的表弟)的努力求证下,他得以昭雪,并获得了抗战胜利 70 周年纪念勋章。邹岳生工程师的在天之灵,终于可以告慰了。(2020.8.7)

少年时代感受到的屈辱,一辈子也不会忘记

少年时期我经历过国破家亡的磨难和屈辱。抗战胜利后,我随姨母来上海,最初就读于华山路淮海中路(当时叫林森中路)路口的培真小学。我住在高安路,每天步行到华山路。我曾在武康大楼巴黎舞厅前,目睹一群美国大兵殴打三轮车夫的情景,还常常看到一群美兵坐在敞篷吉普车上,拿着啤酒搂着吧女在大街上横冲直撞。特别是 1946 年冬,美军在北京街头强奸女大学生"沈崇事件"和景明大楼美军集体轮奸事件,激起全国人民的义愤。上海交大的游行队伍就经过我们学校门口,而蒋政权无能,后来都不了了之。当时我深感屈辱,觉得国家积弱,连妻子和姐妹都保护不了。那时我对美国很反感。虽然后来随着年龄和阅历的增长,已经能理性看待美国,但少年时代的记忆仍然难以忘怀。(2020.5.20.南京)

上海路名什忆

抗战胜利后我随姨母到上海,最初住在华山路复旦小学对面,后来在高安路,最后定居在卢家湾。这一带原属于法租界,路灯的电线杆都是三角形的,马路和建筑比较整齐,上海人称之为"上只角"。这里的路名原来多为法国将军或名人的名字,有着强烈的殖民色彩。民国时期特别是战后都已经改为中国的地名和人名,但老上海人仍然习惯称呼老路名,如华山路原名海格路,淮海路原名霞飞路,江苏路原名忆定盘路,陕西路原名亚尔培路,武康路原名福开森路,重庆南路原名吕班路,复兴中路原名辣菲德路,思南路原名马斯南路,南昌路原名环龙路等,襄阳路原名拉都路。甚至公园名称也曾改过,如中山公园原名兆丰花园,复兴公园原名法国花园。上海人喜欢称老路名,其原因可能是已经习惯了,还有就是显示老上海人的优越感。关于上海路名还有一件趣事:就是在老市区外滩以西直到跑马场(人民公园),南北向的路大都是省名(四川、河南、浙江、江西、西藏等),东西向的路大都是市名(北京、南京、九江、汉口、福州等),所以行人容易辨别方向。(2020.4.24.和园)

思南路

思南路给我留下许多回忆,从上世纪 50 年代起,我表兄就住在这条路上,我家在卢家湾一个大杂院里,我常常步行到思南路。思南路很幽静,洋房多,名人故居多,与它平行的重庆南路则车水马龙,十分喧闹。当时给我印象最深的是震旦大学的美丽校园,前门在重庆南路,后门在思南路;还有充满浪漫情调的复兴公园,老上海人称它为法国公园,亦称顾家宅公园。我少年时代常常看到一些胸前挂着三角校徽、手里夹着厚书的大学生在公园里游荡,十分羡慕和向往。思南路原名马斯南路,上海话读起来就是"母斯南路",听起来很有味道!

一首难忘的歌

由著名文化人刘半农作词、赵元任作曲的歌曲《教我如何不想他》,表达了刘半农先生 20 世纪二三十年代在欧洲留学时对祖国和亲人的怀念。这首歌优美的歌词、唯美的意境和音律,堪称经典,数十年来一直被人们传唱。我第一次听到这首歌是青少年时代在上海的一家小剧场里,为了省钱,我买的是后座票,虽然没有麦克风,但歌者声音洪亮,吐字清晰,最后一排也听得很清楚。当时我被震撼了,后来也学会了,直到现在,我不看字幕仍能背诵全文,这大概就是艺术的力量吧,美是不朽的!(2021.2.24.和园)

回忆在浦东南汇县的日子

大约 1953 年、1954 年,十八九岁的我,受松江专区的派遣,担任南汇县畜牧兽医站副站长(主持工作)。南汇是浦东三县中最大的县,有 1000 多个高级农业生产合作社,畜牧业生产和防疫的任务十分繁重。我当时年少气盛,居然敢于挑此重担,有几件大事仍记忆犹新:(1) 在周浦镇建立了一个现代化的养鸡场,包括一个电力孵化厂,繁育有名的"浦东鸡"。(2) 在祝桥区建设一个牛的人工授精站,将当地的役用黄牛和奶牛(荷兰牛)杂交,培养役乳两用牛。(3) 在泥城区建立一个种羊场,保纯和繁育良种羊。(4) 在大团镇举办了数期畜牧培训班,培养和轮训每个农业社的畜牧技术员。这些工作主要是地方政府完成的,而我作为南汇县的畜牧兽医业务主管单位的负责人,也积极参与并尽力而为了。我记得周浦电力孵化厂的设备还是我亲自带人到上海选购的,大团镇的培训班每期都是我亲自主持并参加授课的。那些年虽然很忙,但却很愉快,而且还有许多小小的成就感。(2020.2.12.和园)

我的第一张选民证

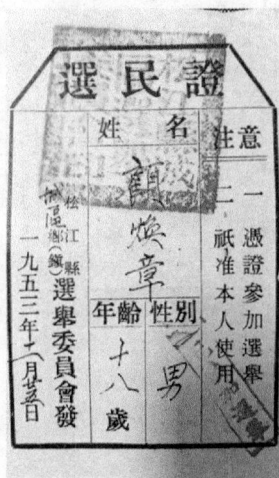

偶翻个人档案,竟然发现了一张我年满 18 岁时(实际上当时已经 19 岁)第一次获得选举权时的选民证,那是 1953 年在松江,纸质已经泛黄,但那是我成人的标志,也是我第一次行使神圣的公民权利,岁月匆匆,如今已经过去了 66 年,真有无限感慨!(2020.7.22)

20 世纪 50 年代初，我曾是中苏（俄）友好的积极分子

这一张证书，我已保存了 68 年，虽然纸质已经泛黄，但字迹清晰可见，这是那个年代中苏（俄）友好的见证。当时，我们看苏联电影，读苏联小说，一心以苏联二战时期的英雄人物为榜样（如卓娅与舒拉的故事），向往集体农庄的幸福生活，这一切仍然深深地留在我的记忆中。1956 年，我正是满怀对集体农庄生活的美好期望，考入南京农学院农业经济系。（2019.7.6.卫岗）

夏日什感：蚊子的"进化"

1958 年南农从丁家桥迁来卫岗，校园内杂草丛生，蚊子又大又多，故有"三只蚊子一盘菜"之说。当时我住在学生三舍，每晚都要与蚊子大战一番。有的同学干脆到操场上散步，有的同学则躲在帐子里用手电筒照着看书，忍受闷热的煎熬。但是卫岗的蚊子总是先礼后兵，在接近你时发出嗡嗡之声，以示警告。而今仙林和园的蚊子，虽然体型稍小，但是密集度很高，战斗力更强，傍晚走在路上，一团蚊子围绕在你身旁，驱之不去；而且，蚊子叮咬时悄然无声，防不胜防，甚至大白天也会发起攻击。不知道这是因为环境的差异，还是蚊子也在"进化"。如果达尔文在世，又可以写一篇"适者生存"的论文了。（2020.7.31.和园）

学科分类与还原论
—— 20 世纪五六十年代学术界的一场大讨论

1951 年美国哲学家蒯因提出的"还原论"，就是要把形形色色学科简化为最基本的形式，当时在国内也引起重大反响。比如当时我从事的"统计学"教学，由于社会分工越来越细，需要分门别类地加以研究，出现了各种专业统计学，如经济统计学（工业、农业、金融、贸易）、生物统计学（数量遗传）、气象统计学、人口统计学、教育统计学、卫生统计学等。记得在一次研讨会上，北京来的一位专家说，你们这些统计学只是我们数理统计学在某一领域的应用而已，不需要独立的学科。当时有人反驳说，你的数理统计只不过是数学原理的一种应用而已，也不应该独立存在。在自然科学领域同样如此，比如植物生理学中的光合作用，就是六个水分子加六个二氧化碳在叶绿素和光的作用下生成一个葡萄糖释放出六个氧的过程，是一种生物化学现象，而植物体内水和营养的输送，是一种生物物理现象。若此，则植物生理学可以还原为物理学和化学，而物理学与化学的原理最后都通过数学公式加以表达。按此逻辑,世界上最后只有一门科学——数学。这一理论最大的缺陷,就是忽视了社会现象和自然现象的多样性,以及它们矛盾运动的特殊性,而对各种客体现象特殊矛盾的研究,就构成了一门独立的学科。比如只要农业生产和农业经济部门的特点依然存在,就需要有农业经济学科加以研究。这场讨论引发了许多人的深思,我也曾经参与,并发表了一篇关于统计学研究对象的文章,刊于《江海学刊》1962年第10期。后来由于"文革"开始,这场讨论也就夭折了。(2020.4.11.和园)

烟花三月忆扬州

"春风十里扬州路,卷上珠帘总不如。"杜牧的诗反映了千年前大唐时代扬州的繁荣,然而到了近代,由于历经战火和动乱,昔日的扬州风光已不再。1971年到1979年,南农搬迁扬州,南农人在那里度过了八年时光。我举家随校在扬州度过了六年时局动荡、生活艰苦的岁月。政治上历经"批林批孔"到粉碎"四人帮",而后是拨乱反正和改革开放。生活上是17年工资不涨,收入低,负担重,甚感迷茫。但扬州美不胜收的自然风光和扬州人的热情友善冲淡了当时的忧伤。所以我对扬州的景、扬州的花、扬州的人、扬州的话,感到特别亲切。如果不是南农复校回宁,我们肯定在扬州安家落户了。如今40年过去了,扬州这个令人魂牵梦绕的古城已经焕发新姿,但令人不能忘怀的,还是那些隐藏在古巷深处的名园豪宅以及繁华的市井,愿扬州的明天更美好!

40年前的一场"根瘤菌"闹剧
——赞樊庆笙教授和方中达教授对伪科学的抵制

此事我当时就有耳闻,但因非我专业,没有涉及。昨天特地访谈了微生物组的李顺鹏教授、植保学院的程遐年教授,他们都能回忆起此事,故予以披露。

事件梗概如下：大约 1980 年，新闻媒体报道了南京一居民王某发明了在非豆科植物根部生长"根瘤菌"的方法（"根瘤菌"可制造氮肥，只能在豆科植物根部生长），一时名声大噪，还获得名人的赞美和经费支持。据说，当时有媒体访问樊庆笙教授和方中达教授，希望得到支持，二位先生不肯表态，有人责难二位先生不支持和压制新生事物。此事越闹越大，甚至有人说，如果真有此发明，应获诺贝尔奖。后来在有关部门的干预下，进行了鉴定，发现不是大豆"根瘤菌"，而是线虫病，只是外形像根瘤而已，这场闹剧终于收场。（2019.6.18）

参加南农党代会

南农第六次党员代表大会于 1985 年 7 月在卫岗举行，我作为农经系的代表之一，参加了大会，这是南京农学院易名为南京农业大学后的第一次党代会，所以十分隆重热烈，这是我一生中唯一一次参加校党代会。（2019.11.7.卫岗）

1985 年 7 月摄于南京农业大学，第 3 排左 3 为顾焕章

南农辉煌的80年代

20世纪80年代,南农借改革开放的春风,意气风发,教学、科研和学校工作全面奋进,形势喜人。翻阅1988年9月15日的校报,喜讯连连:(1)程遇年、陈祖义、陆作楣、顾焕章、陈佩度五人获农业部首批"中青年突出贡献专家"称号,占全国十分之一。(2)俞保丽等六名教师获省教委优秀教学质量奖。(3)我校首次自编教材评优,18种教材获奖。(4)我校三篇文学作品入选"中国当代大学生优秀作品赏析"丛书。(5)我校学生男女排球在首届华东地区高校排球赛上双双夺冠。同一天校报,竟然报导了那么多的好消息,现在读起来还是兴奋不已!(2019.8.20.卫岗)

我曾当过一次区人大代表

偶翻阅旧报,发现1993年5月10日南农校报曾登载了一份名单,其中有我和王荣当选栖霞区人大代表,我记得当时有多名候选人,投票结果是王荣和我得票最多,于是当选。那一年,全国人大和省、市、区人大我校均有人当选,全国人大代表为盖钧镒,省人大代表为王荫长、黄德明,市人大代表为季玉玲、高新陵。(2019.11.19)

连云港的故事——民间笑话二则

20世纪90年代后期,有一年全省计委主任会议在连云港举行,省计委主任钱志新邀我这个导师参会,并在会上作经济问题的学术报告。中午,夏耕市长与我们共进午餐,席间有人谈到当时正在流传的两个故事,虽属虚构,但折射了民间对国企改革的一种社会情绪。故事一:某日,一青年来市政府求见市长,门卫问来者身份,答曰:是夏耕市长兄弟,门卫通报。夏诧异,因为市长并无兄弟,遂嘱门卫问其姓名,答曰:"夏岗",原来是一位上访的下岗职工。故事二:国企改革中,有的单位为鼓励职工离岗创业,规定连续工龄20年可提前退休。连云港某杂技团一位 25 岁演员申请退休，领导认为太年轻。答曰："我少年学艺，5 岁登台成为演员，至今已有 20 年工龄了，符合退休条件！"领导愕然无语。（2019.7.3）

我与《江海学刊》的渊源

今日《江海学刊》韩璞庚主编及战焰磊编辑来访，谈到《江海学刊》已经发刊 60 年了。第一篇论文《关于统计学的对象》就是在 1962 年《江海学刊》上发表的，距今已 56 年。改革开放以后，我和张景顺教授合作的论文《太湖地区耕作制度经济效果初探》发表在《江海学刊》（时名《群众论丛》）1981 年第 1 期。这项成果的结论，认为"双季稻三熟制"得不偿失，经济效果不良，纠正了一些人全面肯定"双三制"的片面认识。此文应用了农业生产函数边际分析的科学方法，当时在国内比较少见，曾获得江苏省哲学社会科学优秀成果二等奖。

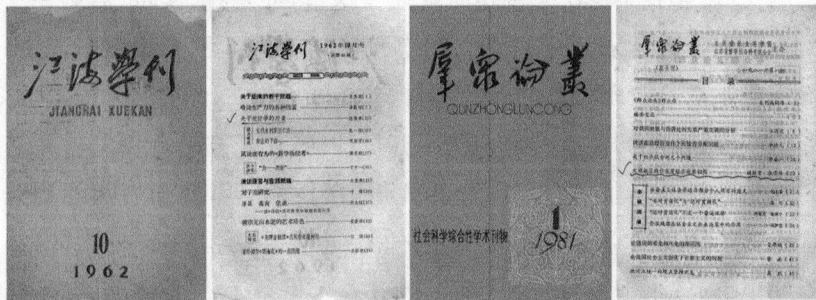

韩主编还带来了一份珍贵史料的复印件，即 1991 年《江海学刊》第 4 期江苏当代学者专栏关于我的介绍，我已完全遗忘了，谢谢他们还保存着。我们还谈到我的两个双生儿子，名叫江、海，现在都是南京大学的教授，这倒是个巧合，当初取名时并未期望他们未来能够成为学者。

往事如烟，但还是留下不少痕迹，感谢两位大编来访，令寒舍生辉，相信办刊 60 年的《江海学刊》在新时代一定会越办越好！（2018.9.18.卫岗）

关于非典的记忆

近读俞明先生赠我的佳作《名胜与文学》，得益匪浅。书中有一幅照片非常特别，那是作者在非典流行时参加博士论文答辩的照片，人人都戴着口罩，真是非常时期的非常答辩。

2003 年，我国流行一种呼吸道疾病，叫做"非典型性肺炎"，简称"非典"。当时全国各地都动员起来，处处设卡，检查行人，一经发现即送医院，而且所有和他接触的人都要隔离观察。我校也设立了隔离区，五号门就是那时为了把教学区和家属区隔开而设立的。如今16 年过去了，回想起来，还是心有余悸！（2019.6.25.卫岗）

再看杭州"新新饭店"

近日在杭州途经北山路的"新新饭店"，我特地下车观看了一番，因为1980 年我第一次来杭州时就住在这里，那是我"文革"后第一次到浙江农业大学农经系讲课。初次来杭州就遇上了濛濛细雨，泛舟湖上虽然看不清西子湖的面貌，但也领略了几分"山色空蒙"的感觉。所以我在讲课的开头，特地背诵了苏轼的《饮湖上初晴后雨二首·其二》，把西湖颂扬了一番。那次在杭州"新新饭店"，我第一次看到几个女孩子跟着收录机学唱邓丽君的歌，觉得很悦耳动听……这已是近40 年前的事情了，此次旧地重游，还是感慨万千。"新新饭店"虽然已经装饰一新，但仍不失原来的风貌。（2018.9.30）

我与费孝通先生的一面之缘

20 世纪80 年代初，江苏省农经学会在张家港召开年会，有两人作主题报告。一人是我，主要谈"农业生产函数的应用"；另一人就是费孝通老先生，谈"小城镇研究"，因此我有幸参与接待并聆听了费老的报告。费老的讲话生动有趣，他是苏州吴江人，讲着带有吴音的普通话，还抒发了一段对家乡的情感。他说，他研究小城镇最主要的就是用"比较分析法",包括外部比较,即小城镇与大城市、与纯农村比较,以及内部比较,即小城镇内各类人群的功能和状态的比较,这样小城镇的特点、特征、特色就显现出来了。他认为比较分析是社会科学研究的一个基本方法,这一观点我至今记忆犹新。他还风趣地谈到他晚年的人生规划,当时他已经 70 多岁了,还准备再工作十年。他说,这十块钱我怎么用? 不能浪费,一定要仔细掂量。(2020.4.12.和园)

小舞台与大舞台——回忆刘崧生先生一夕谈

1984 年初我和刘崧生先生谈了关于拓展农经学科的一些看法,从全局谈到学校,提出了许多设想。刘崧生先生说:"大的环境我们无法左右,但是小环境、小舞台我们还是可以有所作为的,要从小处着手,从近处着眼,在力所能及的范围内做好自己的事。"我突然有所悟,如果在小舞台上尚且演不好自己的角色,又如何登上大舞台呢? 所以,我开始重点考虑如何兴办新专业、争取科研项目和获得政府部门与外力的支持,并具体落实。现在看来这个思路是切合实际的。当然大环境也要关注,审时度势,才能作出正确的选择,但是着力点应该在我们的视线和能力所及的范围之内,不要一下子就想做出惊天动地的伟大事业,否则就可能一事无成。(2021.2.19.和园)

刘崧生先生的大度与吴敬业教授的去留

20 世纪 80 年代初,刘崧生先生主持南农农经系工作,邀请了在数量经济方面颇有造诣的吴敬业教授来校任教。吴教授原在北京农业大学,被错划为右派后下放到农村劳动。"文革"后摘帽平反,来南农后安了家并已开课,效果甚佳,我们还解决了他的职称问题。此时,北京农业大学闻讯赶来要他回去,北京农业大学农经系领导张仲威教授还亲自来宁交涉。我当时想不通,觉得这样的人才多年在农村你们不用,我们用了你们又来要人。可是刘崧生先生说,考虑到兄弟院校的关系和他本人的意愿,我们还是应该放行!后来吴教授去了北京农业大学。刘崧生先生这种以大局为重和大度的作风深深教育了我!(2019.6.29)

读茅家琦文章有感

近日读到著名历史学家、南京大学资深教授茅家琦先生的文章《关于曾国藩评价的几个问题》,惊叹不已!我对历史毫无研究,不敢妄加评论,但对于已是94岁高龄的学者仍然关注学术、笔耕不辍,令人崇敬!茅先生是研究太平天国问题的专家,20世纪五六十年代就有重要论著发表,人称"小罗尔纲"。我与茅先生相识较早,20世纪70年代初,我们曾在《人民日报》改稿时偶遇,同住在王府井大街《人民日报》的小招待所数十日。20世纪八九十年代,我们都积极参与江苏社科界的活动。2013年,我们都被评为江苏省首届社科名家,也算是今生有缘。我默默地祝他健康长寿!(2021.3.7)

我所认识的胡福明教授

我与胡福明教授相识于20世纪80年代,他当时因发表《实践是检验真理的唯一标准》一文成为知名人士,我因经常参加社科界的学术活动与他有了交集。特别是1988年以后,他担任省社科联主席,我继承刘崧生先生担任省农经学会理事长和社科联副主席,他成了我的领导和同事,接触就更多。2013年,我和他又同时被评为"江苏社科名家",并在那年春节团拜会上相聚。

胡福明教授年少家贫,上学不易。他在自述中谈到对党和人民的感情是真诚的,对马列主义真信、真学是真实的。他是一个真正的有良知的知识分子,一个有独立思想的智者,所以,他才敢于提出与"两个凡是"相对立的观点,认为实践是检验真理的唯一标准。

胡福明教授思维敏捷,学识超人,但他为人谦和,容易相处,从不把观点强加于人。他操一口带无锡口音的普通话,说起来条分缕析,逻辑性强,令人折服。在一次会议上,他谈到对待讨论问题的态度时说:"我们在讨论问题的时候,应该允许有不同的意见,包括错误的意见。因为在问题厘清以前,或者在未经实践检验以前,我们不能肯定哪一种意见是正确的。"他这番话我印象很深。我想,如果讨论问题不允许有错误的意见,那就只能有一种意见,讨论也就进行不下去,何况我们常常因为不能确定哪一种意见是正确的,所以才需要讨论。

特别要感谢他的是,他曾向省委推荐我担任省社科院的领导,由于我坚持一辈子当教师的愿望,终未就任。(2018.12.19)

探望梅汝恺夫妇

昨天下午我在表妹梅汝琪陪同下,前往清凉门大街 60 号一所养老院看望年已九旬的大表哥、著名作家梅汝恺,多年不见,颇多感慨。他是我少年时代就相识相交的至亲好友,他在 20 世纪 50 年代就是专业作家,其代表作有采访模范教师史瑞芬的长篇报道《我在清水塘》,名噪一时,被翻译成多种文字。但他后来的生活充满坎坷,曾因"莫须有"的罪名受牢狱之灾,"反右"后遭整肃,"文革"中在扬州又遭批判被罚劳役,直到 1979 年才重回作协,此后他事业再度辉煌。他在牢狱期间翻译了波兰著名小说《火与剑》,有 85 万字,出版后获波兰文艺金质奖章。我们一起回忆往事,感慨万千! 正是改革开放使他后半生能过上安逸的生活! (2018.4.1)

忆牛若峰教授二三事

今天与朱希刚教授通电话,谈起我们在学术界多年的老友牛若峰教授已经离世四年了,颇为感慨,尤其对他感情生活的挫折更为同情和无奈! 牛若峰早年参加革命,曾留学苏联,后来担任中国农科院农业经济研究所所长,对于中国农经学科的开拓和发展作出了重要贡献。他留苏期间曾与一位俄罗斯姑娘相识相恋,结婚生子,感情甚笃,后一起回中国,生活幸福。然而 20 世纪 60 年代中苏关系恶化时,妻子及子被遣返回苏联,牛若峰被迫与妻子离婚。"文革"期间牛因单身而受到指责,认为他仍对前妻存有幻想,无奈,他匆匆与海淀医院一医生结婚。"文革"后,他恢复了领导职务,有一次去东欧参加国际会议,经组织批准和他夫人同意,途经莫斯科见了前妻一面,发现前妻回苏联后因被怀疑是中国特务而受到迫害,后来虽解除怀疑,但历经磨难,而且一直未再婚,抚育孩子成人,牛若峰感慨不已。此后,他虽然和后妻无子女,但一直是一个负责任的丈夫,直到离世。

20世纪90年代,我曾邀请他来南农讲学,并陪同他去无锡参观访问。在谈到往事和感情生活时,他讲了这样一句话:"在感情的监牢里比生活的监牢里更难受!"我至今难忘。(2019.6.4)

悼石恂如老同学

惊悉老同学石恂如教授走了!感慨万千,我们大学同届毕业,并一起下放苏北最艰苦的涟水县劳动锻炼半年。后来我留校,他长期任教于苏州大学。数十年来,我们一直保持良好的友谊。

> 同窗共读石头城,
>
> 同甘共苦学农人。
>
> 执教姑苏育才俊,
>
> 而今天堂多一人。

这首诗发在2021年2月28日的微信朋友圈里,南农农经系校友、农业农村部李伟国司长评论:"石先生是我的好老师,尽管没有直接教过我,但对我来说,受益匪浅、印象很深。我大学毕业的时候,石先生是我大学临近毕业在苏州实习期间的指导老师。我研究生毕业论文期间,石先生也给了我很多指导。我研究生论文答辩,石先生又是我的答辩老师。我对石先生一直怀着由衷的敬佩之情、感激之情。愿石先生一路走好!"

二、桃李芬芳

我坐在主楼 115 教室

"有时候,我一个人坐在主楼 115 教室里静静地想,60 多年前我是一名大学生,在这间教室里听课;后来,我成了一名教师在这里上课;后来,我的学生在这里上课;再后来,我学生的学生也在这里上课,再后来……主楼每一间教室,都在演绎这样的故事,令人难以忘怀!"这是我 2018 年在校友返校日集会上的讲话。

江北校区校友之家

怀旧之心,人皆有之。南农江北新区已开建,其中"校友之家"复制了卫岗校区的主楼,引起了校友们热议,认为这是一个绝妙的设计,反映了人们的怀旧情结。诚然,怀旧,无非是人和物,人生短暂,物可常留,可以睹物思人。在校园建设中,有选择地保留一些标志性的建筑并充分发挥其效用,不失为一个明智之举。校友返校可以唤起许多难忘的回忆,也增强了对母校的向心力和凝聚力,值得大大地点赞!(2020.12.20)

南农应该修建一所卜凯纪念馆

南农农经校友范世涛教授评论说:"赛珍珠在金陵大学好像是英语系的讲师。其实蛮可惜的,南农也应该修卜凯纪念馆,作为一个卜凯学派中国农村经济研究文献中心。"我十分赞同范世涛校友的建议,赛珍珠在中国生活了 40 年,其教学活动主要在金陵大学。她获诺贝尔文学奖的作品《大地》主要描写中国的农民和农村生活,而她的丈夫卜凯是金陵大学农经系的首任系主任和中国现代农经科学研究的开拓者。作为金陵大学和中央大学农科教育继承者的南农设立赛珍珠、卜凯纪念馆是顺理成章的事。有鉴于 2021 年是中国历史上第一个农经系——金大农经系成立 100 周年,最好以此作为纪念农经百年的一项重要活动项目。

纪念会上的小插曲:从南农走出去的都是一条汉子

在 7 月举行的南农研究生院建院 20 周年纪念会上,我在发言中谈到去年春节在深圳与校友座谈时,发现他们人人都有成就,他们都受到母校"诚朴勤仁"好校风的熏陶,于是他们能够更加自信、自立、自强。我不无感慨地说:"从南农走出去的都是好汉!"此话一出,我突然想到有语病,似乎冷落了女性,准备补充纠正,当时我们的老校长、原中国农科院院长翟虎渠教授插话说:"也包括女汉子!"顿时全场气氛活跃。是啊!男汉子,女汉子,都是好汉子!(2020.9.13)

2020 年 7 月 3 日摄于南京农业大学金陵研究院

论博导的角色

博士是一个优秀人才的群体,他们绝大多数具有较高的悟性、韧性和知性。我一生指导和合作指导过 100 多位研究生,其中博士和博士后 60 多人,幸运的是我和他们都保持着较好的关系。虽然他们有时也会遇到一些困难和问题,也会有焦虑和烦恼,但是他们都挺过来了。博士论文要求有创新和严格的规范,这也许是最大的困难。有个别博士生由于种种原因未能完成论文而未获学位,我为此感到惋惜,但也能理解他们的处境和选择,我们仍然是好朋友。我有一个体会:导师只是他们学术道路上的伙伴和助推器,我们有责任为他们提供建议和尽可能创造良好的条件,但论文是需要他们自己完成的,也要尊重他们在人生道路上的抉择。博士生能够完成论文获得学位,是很不容易的,个中艰辛和滋味只有他们才能体会,他们用行动证明了自己是生活的强者!

校友陈希倡议全球合作抗疫

新冠病毒是全人类的敌人,全球抗疫精诚合作,则控制疫情指日可待! 耶鲁大学陈希教授认为:在全球化的今天,每个国家都是产业链中的一环,推动全球普及疫苗对于及早控制疫情,恢复世界经济至关重要! 陈希教授曾经是世界卫生组织首批来华专家组成员,一年多来,他一直在中美之间奔走,呼吁联合抗疫,并提出许多真知灼见。我十分欣赏这位南农校友的才华和热情,并期待他在事业上取得更大的成就!(2021.3.6)

衷心祝贺吴方卫校友荣任上海财经大学资深教授

20 世纪 80 年代,吴方卫在南农农经系攻读硕士、博士学位,并任教多年,2003 年加入上海财经大学,对于农经学科的建设以及在都市农业的研究方面做出了杰出的贡献。此次他被评为资深教授(享受

2019 年摄于顾焕章家中
左起：吴方卫、顾焕章、罗必良

一级教授待遇）是实至名归,我作为他的博士生导师,十分高兴。他在申报资深教授时发来以下感人的微信:"真的是这样,我是非常幸运和感激能成为您的学生,从您身上学到了很多东西,特别是包容和大度,感觉看透了世间不少事情,往往烦恼是由自己的心而生,一旦理解了,生活就快乐很多。另外跟老师报告,我资深教授的申报已经在学科组通过,已上报等待审核。"这不仅使我深感欣慰,而且更加感受到作为一名教师的光荣和责任!
(2020.9.22.卫岗)

迎难而上的王怀明博士

20 世纪 90 年代王怀明读博时选择了会计学方向,当时我感到难度较大,但是考虑到他长期从事会计学教学,并在科研上有一定的积累,于是同意了他的论文方向,即会计准则的国际化与国家特色的研究。这位勤于思考、言语不多的青年学者,为此付出了三年多的时间和精力。当时没有互联网,查阅国内外最新文献资料,十分费时费力。还有国内经济正处在开放转型时期,会计核算制度也处于改革过程中,论文难度之大,可想而知。但他经过艰苦的努力和有深度的思考,最后完成了一篇十

2021 年 2 月摄于南京
左起：应瑞瑶、顾焕章、王怀明

余万字的博士论文,并在此基础上出版了专著,受到了学术界的好评,我还为此书写了序言。当时在江苏高校撰写会计学的博士论文,尚不多见,这又验证了一句古话:有志者,事竟成!

现在王怀明是南农金融学院会计学科的带头人、博士生导师,已经带出了一批取得硕士、博士学位的青年学者,令人欣喜。(2020.9.22.卫岗)

回复夏圣明校友

夏圣明校友回望了他 20 世纪 80 年代在南农农经系求学考研的经历,读后我颇多感慨。首先感谢他 30 多年来对我这个老师的一贯信任,直到现在还愿意向我倾诉人生的感受。我回复他:"你留苏学业未成,回国后事业上未能获得预想的成就,原因是多方面的。你也曾经努力过,奋斗过,你不要过分自责。我也在想,当时你英语很好,我作为系主任建议你去非英语国家的苏联留学,似乎不太恰当。我当时只考虑到英、美、日、法、澳都已派出研究生,要补上苏联这个缺,却给你增加了难度,所以我也有责任。过去的已经过去了,我希望你乐观地面向未来,人生旅途中每一个站位都是新的起点,让我们共勉之。"

下面是夏圣明校友发来的微信:"顾焕章先生是我的南农老师。1982 年我以高分考入当时的南京农学院农经系,先生时任系主任。四年后我和同班同学,现任南京市财政局局长黄玉银一同考入中国社科院研究生院,并一同前往北京接受社科院的面试。我们二人均顺利通过。考虑到自己的英语优势,留在南农被公派出国留学的机会更大,于是在面谈结束,导师正式表示我可以返回南农等候入学通知时,我说请允许我打电话给我老师商量一下然后再做决定。因为前往北京之前,顾先生曾面见我,告知我可以免试入南农研究生院。当时中国通讯非常落后,我从中国社科院到达北京火车站后,才在那里找到长途电话,并艰难地和先生通上话。我把面试情况报告了老师并表示希望继续留在南农学习。先生表示他本来就不太支持我去北京，既然现在我找他了，那就赶紧回来，参加南农的研究生入学面试。于是我立即购票返回，黄则留在北京游玩数日。返校后先生立即组织面试，我极为轻松地通过，并选择了农村社会学专业，当时同学们都不理解我的选择，真实的原因以后我会解释。一年后，先生让人通知我去他办公室，并告知只要我愿意去苏联，可以立即前行。这让我既兴奋又纠结，因为我从没有想过要去非英语国家留学。先生表示给我三天时间考虑。第三天我前往先生办公室，表示珍惜这个机会，愿意前行。于是就有了我后面的留学原苏联的故事。

先生对我寄予厚望，能学有所成报效国家并实现自己的抱负。然而我未能如期获得经济学博士学位，于 1992 年底肄业于莫斯科农学院并灰溜溜回国。

从此无法直面先生，只有默默关注先生的一言一行。先生和他的两位公子都是博导。顾氏一门三博导，均于南京两所高校肩负重职，成为南京学界美谈。"（2020.3.17）

悠悠岁月 40 载，且看人间重晚情

2021 年 2 月，周曙东（左）来访合影

昨日周曙东教授来访，感慨万千，这位南农七七级最年轻的学子（入学时 17 岁）如今也已年届花甲，昔日翩翩少年，现已是教授、博导、研究中心主任、联合国粮农组织（FAO）咨询专家。现在他已经三代同堂，家庭幸福，桃李芬芳，功成名就。44 年来，我有幸在本科和博士后阶段两度成为他的老师，而且他一直是我们科研团队的骨干。这些

年来,我一直关注他的进步,为他在学术上取得的每一个成就感到高兴。尤其令人感动的是,近 20 年来,他每年春节都来看望我,有时他回江都老家过春节,节后也要过来一叙。这真是"岁月催人老,人间重晚情"!（2021.2.15.和园）

老校友与老照片

昨晚施秀祥校友来访。他 1965 年于农经系毕业,至今已经 55 年了。我曾给他们讲授"统计学原理与农业统计"课程,并带领他们在江浦农场实习,所以很熟悉。现在他已经年届八旬,但仍然步履矫健,面色红润,西装革履,声音宏亮。我们一起回忆往事,当他谈到我教的统计学课在工作中很有用时,我也十分高兴。他至今还保存着多年前与我的合照,令人感动!（2020.10.29.和园）

2020 年 10 月,施秀祥（左）来访合影　　2021 年 2 月,左健伟（左）来访合影

记述江苏一年来经济发展和人文新貌的佳作

日前江苏省地方志办公室主任左健伟夫妇来访,赠予我一本 2020 年的《江苏记录》,读后颇有收获。这也是省方志办利用他们的史志之长为现实服务的一个代表性成果,值得赞赏。左健伟早年毕业于南京大学商学院,长期在省级机关工作,曾在南农在职攻读硕、博学位。来访中,谈到他近 20 多年来在人生道路上遇到的种种困难,

机关工作烦忙,四位老人体弱多病,子女教育培养,再加上夫妻两地,困难很多,但都一一克服了。现在,其子就读于名校,即将毕业就职,其妻在银行任高管,四位老人也照顾得很好,家庭和睦,其乐融融。他自己还坚持锻炼,参加马拉松比赛,可以说是事业与家庭、学习与生活都交出了一份优良的答卷。他的体会就是坚持信念,不懈努力,乐观看待人生。20多年来我作为他曾经的硕、博导师,目睹他的成长和成熟,也甚感欣慰!(2021.2.16.和园)

刘红明、彭纪生来访

今日风和日丽,刘红明校友(南京海事职业技术学院党委书记)偕南京大学商学院彭纪生教授来访,看望我这个曾经的博士生导师。抚今追昔,相谈甚欢。南京海院是培养船长和航海工程技术人员的摇篮,我曾去参访,受益良多。刘红明博士在那里担任领导十多年,颇多建树,令人高兴。中午一起在南京大学校友活动中心的茶肆共进午餐,对于我这个"85后",与校友聚谈是最愉快的活动,特合影留念!(2021.2.20.仙林茶肆)

2021年2月摄于南京仙林,左起:彭纪生、顾焕章、刘红明

扶贫开发大有可为

今日上午校友李钦(江苏省审计厅处长)和胡建斌(江苏省信用联社副主任)来看望我这个过去的导师,相谈甚欢。李钦现在是省委睢宁扶贫工作队队长,他谈起这两年的扶贫开发成就眉飞色舞。他们帮扶的27个村面貌大变,合作经济有了很大发展,村村都有新项目上马,并已取得显著效益,原来的贫困户生活有了很大提高。他对明年实现扶贫目标满怀期待,信心十足。这使我想起历史上形容睢宁

贫穷落后的顺口溜:"小小睢宁县,三班豆腐店,老爷打板子,四门都听见。"新时代的睢宁城已经在现代化的道路上行进,明天的睢宁会更好!(2019.2.2)

有朋自远方来,不亦乐乎!

昨日华南农业大学副校长咸春龙校友来宁开会,一下飞机就直奔仙林,看望我这个过去的老师,令人感动! 多年不见,他还是那样精神。其后,南农金融学院李日葵副书记和陈跃老师来访,邀我为学生刊物写一篇发刊词,为了支持后浪,欣然应命。今日南农经管学院辛怡静、张馨予、王俊博、高江浩四位同学来访,漫谈农经系的历史,年轻学子关心学科发展值得赞赏。(2020.12.18.和园)

2020 年 12 月,左起:任露茜、顾焕章、咸春龙、顾江

2020 年 12 月,左起:王俊博、辛怡静、顾焕章、任露茜、张馨予

答辩趣事——最年长的答辩人

20 多年前,我在南京大学知行楼主持过一场难忘的博士论文答辩会。我一走进会场,只见答辩席上坐着一位白发苍苍的老者,他就是台湾著名的实业家、在国际上享有盛誉的工程师邹祖焜先生。他是 1922 出生的,当时已经 75 岁高龄。他是 20 世纪 40 年代在中央大学(南京大学的前身)本科毕业的,一直有一个心愿,就是回母校获得

一个博士学位。他的论文是关于 BOT 投资研究,他在国内和国外做过许多这样的投资项目,所以论文水平很高,答辩时他认真回答每个评委提出的问题,并顺利通过。我们都向他表示祝贺,他还赠送了我们每位答辩委员一个放大镜留作纪念,此事我多年来一直难以忘怀!

(2018.6.26)

欢声笑语满钟山

"岁月可以带走青春,却带不走深厚的情谊!"昨日在钟山之南的国际科技园,南京大学商学院部分师生和校友新年小聚,共忆青春美好年华,畅叙同门同窗之谊,笑语欢声,荡气回肠,互勉互励,情深意长!

聚会期间,远在江西的校友周明鹃教授闻讯发来一首热情洋溢的诗句,抄录于下:热闹开始了,艳羡中……遥寄嵌名小诗一首,以顾门新年聚会为题,内嵌顾门三师大名,权作贺礼,以博诸君一笑。

贺顾门 2020 新春聚首

顾门情深,一如江海。

天下英才,纷至沓来。

丰仪翩翩,流光溢彩。

笑语盈盈,明眸善睐。

春风十里,漫卷楼台。

莫负韶光,时不我待。

桃李烂漫,试问谁栽?

焕彩华章,辉耀中外。

(2020.1.6)

热烈祝贺无锡市对口帮扶青海海东市工作组

获得全国脱贫攻坚总结表彰先进集体称号

工作组负责人谭军博士日前代表先进集体赴京参会领奖。他是一个江西农村的子弟,靠个人的努力获得南京大学文化产业经济博士学位,师从顾江教授,并竞聘入选担任无锡市委党校副校长。他是一个聪明能干、少年老成的好干部。我们相识多年,在他去青海前夕,曾来舍间辞行并合影留念。我以小诗一首相赠:

作别江南欲西行,

青海湖畔献青春,

待到他年花开日,

归来再为君洗尘。

(2021.2.26.和园)

2020年5月,谭军(右)来访合影

寒门出贵子

我常常在想,为什么在 20 世纪八九十年代,农村教育培养了一批杰出子弟,进入重点高校,如南农农经系的樊胜根(国际知名学者)、夏国强(北京银行南京分行行长)、李善民(985 大学校长)、王红兵(原浦东发展银行总行总会计师、深圳分行行长)、徐洪林(江苏省财政厅副厅长)、李闽(江苏省国土厅副厅长)、张超超(宁夏自治区副书记)、武晓春(德邦证券总裁)、姜健(华泰证券副总裁)、林敏雄(中科招商投资集团常务副总裁)、周国平(中科招商投资集团副总裁)。他们都是农民的儿子,都是农村中小学培养的,而现在农村中小学学生考上重点大学很少了,寒门出贵子很难了。根据罗斯高的研究,农民子弟考上高中的比例也在下降,其原因之一是由于城乡差别,优秀的农村中小学教师流失严重。如何解决?我觉得除了精神鼓励以外,是否也可以参照目前高校和科研单位吸引人才的做法,设立一个"田野工程",重奖去农村中小学的优秀人才,比如年薪百万。另外,还有住房补贴、安家费、医疗保健和子女教育补贴等,使农村中小学的优秀教师,成为全社会羡慕的职业,也许就可以促使优秀知识分子向农村回流。(2020.2.29.和园)

三、人生感悟

我们应当珍惜大自然给予的一切

我们所有的一切都是完美的,任何人在疫情当中,都应该深深地回忆起我们已经享受到的一切——阳光、水、空气、食物、自由,而我们是否珍惜过? 我们是否考虑过其他人、其他的生命体也有同样的需要。其实我们已经拥有了最好最美的一切,请知足、请珍惜吧! 感恩万事万物,感恩一切!

欣赏大自然,爱护大自然

十多年前,我常常看到 90 高龄的周黎扬教授徘徊在校园里的林荫道旁。有一次我问:"先生在看什么?"答曰:"看看大自然!"我顿悟,大自然如此可爱,我们为何视而不见呢? 而且,我们每个人都来自大自然,最后又回归大自然。从那之后,我把欣赏大自然作为我晚年的生活信条,提出"三看"方针,即多看看大自然,多看看剧变中的社会,多看看众亲戚好友。以后只要身体状况许可,我会坚持到底!

一个让我思索了一辈子仍无答案的问题

我在大学里学过物理学、有机化学、动物学、植物学、植物生理学等基础课程,自认为懂得了一些进化论的知识,对于"神创论"很不以为然。有一次我在返沪的火车上偶遇一位基督徒,我大谈生物是如何从单细胞到多细胞、从低等到高等、从猿到人的进化,以及宇宙天体是如何运行的,并且认为上帝创造世界是反科学的无知。我理直气壮地说:"人是从猿猴进化来的,你们为何说是上帝创造的?"他却笑着说:"你所说的都是事实,可是你想过没有,为何生物的进化如此有条不紊、宇宙天体的运行如此井然有序,一定有一种力量在控制它。这种力量叫他上帝也好,不叫他上帝也罢,我们信仰的只是这种无所不在的力量。"我无言以对,而且想了一辈子也未有答案。这给了我一个深刻的教训,那就是世界上未知的东西太多了,有许多事情我们往往只知其一,不知其二,还自以为是,实际上是一种浅薄的表现。(2020.10.7)

"要有理想,但不能理想主义"

杜润生的这句名言"要有理想,但不能理想主义"既通俗又深刻。人生一定要有目标,要有抱负,要有雄心壮志。但是每个人都生活在现实世界里,都要受到种种环境条件的制约,我们不能陷入空想主义,要时刻保持清醒头脑。人的一生,就是在理想和现实之间不断寻找平衡点,当理想与现实正确地切合的时候,那就可能取得成功!

性格决定命,机遇决定运

命运是人生的轨迹,包含定数与变数。一般来说,命是一个人在事业上可能达到的高度,包含成就、地位和财富,它与性格有密切的关联。凡能获得伟大成功的人,一般都具有胸襟宽广、虚怀若谷的性格,所谓"宰相肚里能撑船"。心胸狭窄、小肚鸡肠的人,一般成不了大事。运气往往是由机遇决定的,虽说"是金子总会发光的",但如果黄金一直埋在深山底下,不见天日,还是发不了光。而机遇是可遇不可求的,它是一个变数。但是,机遇属于有准备的人,如果你平时没有积累,机会来了,也可能还是会擦肩而过。(2020.8.25)

小议人性

人性善还是人性恶，两千多年前就有争论，孟子是性善论，荀子是性恶论。其实人生下来是一张白纸，无所谓善与恶，"三观"是后天形成的，是教育和环境的产物。人们常常把"利他主义"视为"善"，把"利己主义"视为"恶"。其实，不能简单地把"私心"当作恶，因为保护自己和改善生活条件是人的本能，甚至是动物的本能，所以在不侵犯他人和遵守社会规范的条件下，争取个人利益是合情合理的。但是，"损人利己"或者任意侵犯公共利益谋求个人利益则是一种恶的表现。（2020.7.13）

人生三境

禅宗修行有三种境界，唐代高僧青原惟信说得很直白：第一境，看山是山，看水是水（相信一切）；第二境，看山不是山，看水不是水（怀疑一切）；第三境，看山还是山，看水还是水（看淡看空，返朴归真）。人生何尝不是如此！初入社会，看见什么就是什么；阅历渐长，见社会之复杂、人心之险恶，什么也不敢轻信；待到后来，逐步穿透尘雾，认清世事，洞察社会的本质，成为一个心灵自由的人。（2019.6.13）

人生既要看透，也要看重

人生既要看透，也要看重。如果全看透了，就没有上进心了，就可能玩世不恭，随波逐流，尤其对于年轻人，一旦失去目标，就会缺少奋发有为的动力，以至于意志消沉。所以，从某种意义上说，从政就是要升官，经商就是要发财，治学就是要成名成家。问题在于凡事有度，不能刻意追求，更不能为了目的不择手段。君子爱财，取之有道，不能逾越社会伦理和法律规范。当然对于已经历经沧桑的老年人来说，还是看透为好，凡事不要过分较真，云淡风轻，静下心来，安度晚年。

养生"三乐"

钟南山院士的养生之道,我觉得很有道理。他提出生活中的"三乐":知足常乐,自得其乐,助人为乐!这也是我的生活哲学。数十年来,我也是努力这样做的,虽然做得还不够,但确有效果。要做到这"三乐",如钟院士所说,首先是不要生气,一切泰然处之,人生不过百年,何必斤斤计较,尤其到了中年以后,要尽量放下、放松,寻找适合自己的生活方式,"从心所欲,不逾矩"。

生命在于运动

生命在于运动,延长生命在于增加活动!我们每个人都会有这样的感觉,外出旅行数日,就好像过了很长时间,这是因为每天都在变换场景,经受不断变化的感官刺激,时间似乎也延长了。所以有一位思想者说过:"如果一个人365天过同样的生活,等于只过了一天;如果每天都过不同的生活,等于过了365年。"从一定意义上说,生命就是一种感觉,丰富生活内容,增加人们的活动量,就是在延长生命。如果像乌龟那样整天缩着头,一动不动,就是活上一千年又有什么意义呢?(2020.10.2.和园)

谈教养

教养是"根植于内心的修养,无须提醒的自觉,以约束为前提的自由,为别人着想的善良"。教养是最昂贵的财富,做一个有教养的中国人,比做一个有钱的中国人更重要。切莫把粗鄙当豪情、把无知当朴素、把失礼当率真、把低俗当可爱。

做一个有教养的人,首先从有礼貌地说话开始。恶语伤人,讽刺挖苦,污言秽语,是人们最不能忍受的。所以,教养应该从语言的纯洁性开始!(2021.2.25)

善忘，是一种智慧

善忘，是一种智慧。应该忘记的东西应该尽快忘记，把那些无聊、无用的信息尽量从脑海中清零。这样，就不会被无穷的烦恼所绑架，真正做到轻装减负，愉悦生活！

相遇靠缘分，深交靠人品

人与人之间的信任是靠真诚相待建立起来的。一旦建立起来，就要倍加珍惜，不要因环境变化或者利害关系而放弃这种信任关系。否则，就可能一辈子都没有真正的朋友！

十年"文革"中，形势变化很快，反复太多，今天学习的榜样明天就可能是批判的对象。如何对待这种不正常的社会现象？当时我和费仕良老师有一个共识，那就是在长期相处中建立起来的相互信任关系，不要轻易改变，不要随风转，昨天一个好人怎么今天就成了坏人呢？事实也证明，我们这种判断是正确的。（2021.1.24）

家和万事兴

歌德曾经说过："无论是国王还是农夫，只要家庭和睦，他就是最幸福的人。"家和万事兴，家庭是一个人幸福的港湾，无论是事业还是生活，家人的理解和支持至关重要。一个人如果在外遇到麻烦，回到家里就可以放下；一个人如果家庭关系出现矛盾，则24小时也难以摆脱。如何才能处理好家庭关系，有人提出最好的家风是："大事商量，小事原谅，不争对错，不翻旧账。"这话的确有道理，也符合民主和谐的原则，不妨验证一下。（2021.2.4.和园）

我对微信群聊的态度

我对微信群聊的态度是：友情为重，沟通信息，述而不辩，相互启迪。我觉得在群里可以交流信息和讨论问题，但不宜展开辩论。这是因为:(1)微信文字极简,很难说清观点;(2)辩论就有明确的指向性,容易给别人造成伤害;(3)辩论的语言往往容易情绪化,甚至感情用事,产生副作用;(4)期望在群聊中求得认识的一致,是不现实的,无论是学术问题或是社会问题,因为每个人的生活经历和环境不同,感受不同,看问题的角度不同,思想怎能完全一致呢?所以,最好在讨论中主要陈述自己的意见和观点,不要指名道姓地批判别人,更不要用讽刺挖苦的语言。以上管窥之见,不一定完全正确,仅供参考。(2019.12.26.卫岗)

金钱与幸福

毫无疑问,我们不赞成金钱至上、以物质利益作为衡量幸福的标准,或者以社会地位和权力的大小作为衡量幸福的标准。但是我们也不能把幸福虚幻化,毕竟经济是基础,物质是第一性的,所以有人说:"金钱不是万能的,但没有金钱是万万不能的。"这句话虽然有些偏激,但也从一个侧面说明金钱的重要性。如果没有一定的经济基础,整日为柴米油盐发愁,这样的生活会幸福吗?还有,如果你有人爱,有人尊重你,你一定有值得爱、值得尊重的品质或者能力。无条件的爱也许有,但那肯定不是一种普遍的社会现象。现在网上每天都有宣扬那种不计名利、纯洁无瑕的爱和超凡脱俗的幸福感,而我们看到的是不少追名逐利、弄虚作假甚至欺诈横行的社会生活现实,反差实在太大!

四、名篇掌故

我读的第一本哲学著作

20世纪50年代,我读的第一本哲学著作是艾思奇的《大众哲学》,用日常生活中的事例讲哲学道理。其中有一个谈认识片面性的例子,感触很深。说的是一个商店招牌左面是红色,右面是黄色,二人相向而行,左面的行人和右面的行人对招牌的颜色各执一词。我也常常告诫自己,看问题要全面,切勿陷入片面性。我们现在有些讨论何尝不是如此? 只见树木,不见森林,攻其一点,不及其余,或者以点带面,以偏概全,任意拔高,实质上就是认识的片面性! (2018.10.26.卫岗)

"文革"读书什忆——三本有影响的书

"文革"十年,出版物不多,在我印象中有三本书当时影响较大。一是郭沫若的《李白与杜甫》,其基调是扬李抑杜,后来受到了一些人的负面评价。二是杨荣国的《简明中国哲学史》,认为儒法斗争是两千年来阶级斗争的一个侧面,孔子是奴隶制复辟思想的代表。此书在"批林批孔"运动中影响较大,作者杨荣国教授也成为"批林批孔"的名人,在全国各地演讲。他曾来江苏巡回演讲,我在南京大学小礼堂听过他的报告。当时人们觉得他把儒家和法家之争,上升到两个阶级两条路线之争,感到难以理解,好像是"今为古用"。有人议论道,如果儒家代表奴隶主阶级,难道法家是代表奴隶阶级吗,显然说不通。"文革"后,杨荣国教授受到批判。三是罗曼·罗兰的《约翰·克里斯朵夫》,描写了一个德国音乐家为艺术自由奋斗一生的故事,读后感人至深。此书曾获诺奖。(2020.6.2)

读《阿房宫赋》有感①

年少时读杜牧的名篇《阿房宫赋》,印象最深的是文中想像夸张的语言和形象生动的比喻。如宫中长桥像天上的龙,楼道像彩虹,宫女的妆镜像闪闪繁星,卸妆的胭脂染红了渭河,焚香形成了迷雾,宫车所过,声如惊雷。以此形容阿房宫建筑的大而奢,宫女的多而美,令人过目难忘。后来,随着阅历的增长,逐渐理解此文的要害是总结秦骄奢亡国的历史教训,向大唐统治者发出警告。点睛之笔就是文末的结论:"族秦者,秦也,非天下也。"(2021.3.2.和园)

古人"秉烛夜游"

记得多年前,在一次农经校友 30 年聚会上,我作为系主任和任课老师,在讲话中谈到了李白的《春夜宴桃李园序》这篇文章,重点是"浮生若梦"和"秉烛夜游"。当时有校友说:"你怎么不早讲?"我说:"怕挫了你们的锐气,现在你们大都年过半百,昔日风华正茂的翩翩少年,如今已两鬓斑白,应该要考虑下半生如何度过了。"人生苦短,浮生若梦,我们每个人都是这个世界上的匆匆过客。我 1960 年毕业时在校大礼堂举行晚会,还曾朗诵诗篇,此情此景,历历在目,如今 60 年过去了。我们来自自然,最后也都要回归自然,到了中老年更要珍惜有限的时光,多看看大自然,多和亲人、友人相聚,这也是李白这篇文章的主题。(2020.4.4.和园)

---

① 沈建华评论:顾老说得精当!我青年时代特喜欢背诵杜牧的《阿房宫赋》、苏轼的《前赤壁赋》,那政治与历史、哲思与人生,那视野、气概、语气、句式乃至字字珠玑、朗朗上口的构词造句,简直美妙无穷,韵味实耐反复吟诵咀嚼。

过客与看客

大诗人李白在他的代表作之一《春夜宴桃李园序》中写道,"夫天地者,万物之逆旅;光阴者,百代之过客也。"我读后颇有感触。

其一:我们从事的事业是永存的,但是从事事业的人只是匆匆的过客。比如只要有农业,就有农业经济,就要有农业经济教育和科学研究,然而我们从事农业科学教育的人生命有限,工作年龄有限,处于领导岗位的时间更有限。所以,长江后浪推前浪,一代新人换旧人,是历史的必然,千万不要有包打天下的思想,只能在有限的时间内达成有限的目标。

其二:我们虽然是"过客",但不是"看客",我们是参与者,不是旁观者。我们应当在有限的时间里尽可能发挥最大的积极作用。"雁过留声,人过留名。"既然到这个世界上走一遭,总要给这个世界、给我们的事业留下一点美好的东西,不要白活一回。(2021.2.21.和园)

《枫桥夜泊》的"一字之师"

中国诗词文字华美,而且精益求精,有时候改动一个字就可以增色添彩。这是我年少读诗时听到的故事,未曾考证,但似乎确有些道理。相传唐朝张继的名诗《枫桥夜泊》中的佳句"月落乌啼霜满天",最初为"霜满地",后来有人建议他改"地"为"天",将静态改为动态。张继接受了,果然诗的意境似乎有了升华,效果不一样。据说,宋代王安石那首名诗《泊船瓜州》中的佳句"春风又绿江南岸",其中"绿"字也改动过几次才酌定。最初曾考虑过"到"和"过",均不理想,最后定为"绿"字才达到了完美的效果。所以中华文化、中国文字学问很大,千锤百炼才能炉火纯青,至臻至善。(2021.2.8)

《长恨歌》中的有情和无情

白居易的《长恨歌》，人们往往只注意到唐玄宗和杨贵妃爱情的专一和忠贞，仔细推敲，你会发现字里行间隐含着对唐皇无情的批判。

其一，"后宫佳丽三千人，三千宠爱在一身"。皇帝专宠一人，三千佳丽寂寞一生，是不是太残忍无情了？如果唐皇心善，就应让三千宫女返回民间，但他没有这样做。

其二，"芙蓉帐暖度春宵，从此君王不早朝"。皇帝不爱江山爱美人，竟然不理朝政，致使纲常荒废，社会不安，百姓受苦。这是对人民的无情。

其三，事实证明，唐皇对杨贵妃并非真爱。当安史之乱唐皇出逃时，"六军不发无奈何，宛转蛾眉马前死"。唐皇居然把治国无能的责任甩锅给杨贵妃，将她处死以平民愤，说明皇帝是一个不敢担当没有责任心的男人，是一个无情无义之人。

白居易是唐代的官员，杨玉环天宝四年（公元745年）封为贵妃，天宝15年（公元756年）玉碎，而白居易的《长恨歌》写于元和元年（公元806年），前后仅相差数十年。此时白居易在陕西任县尉，已是中年，所以他所写的内容可信度比较高。（2021.2.14.和园）

由听雨想到李清照的词

"昨夜雨疏风骤，浓睡不消残酒。试问卷帘人，却道海棠依旧。知否，知否，应是绿肥红瘦。"这首词的最大特点是通过"雨境"写出了"心境"。词人怀念远方的亲人，夜不能眠，以酒浇愁，一夜风雨后，问拉开窗帘的婢女，回答是海棠花开得很好。可是词人想到的是，风吹雨打以后，叶片更绿，花却要凋零了，反映了她感伤的心情。但是，人的性格是多面的，谁能想到看似柔弱的女词人李清照，竟会写出"生当作人杰，死亦为鬼雄，至今思项羽，不肯过江东"这样气吞山河的词句。（2021.1.16.和园）

鲁迅是最彻底的反对封建礼教的斗士

20世纪50年代初,我曾在无锡文教学院农教系学习半年,听张照教授讲课。学院图书馆有一部《鲁迅全集》,我通读了一遍,印象最深的是鲁迅先生对封建制度和思想的批判,那真是出语惊人。如他在1918年发表的第一篇白话文小说中借书中癔症者之口说,从数千年的历史中只看出两个字,就是"吃人"。还有他在1925年写的散文《朝花夕拾》中说,中国历史上只有两个时代,"想做奴隶而不得的时代,暂时做稳了奴隶的时代"。在封建思想的束缚下,人们的思想麻木了,所以才有"宁为太平犬,莫作离乱人"之说。人们的愿望就是希望出一个好皇帝、一个英明天子;如果出一个昏君,农民活不下去了,起来造反,最后只是换了一个皇帝,封建制度并未改变。鲁迅用极其深刻而形象的语言鞭挞了那个吃人的社会制度,也深刻分析了封建思想对人们的毒害。所以,鲁迅堪称新文化运动反封建的旗手和斗士。(2020.4.23.和园)

演讲一定要看对象

记忆中,多年前看《郭沫若自传》,书中谈到他两次演说效果的体会。一次在杭州谈文学,他作了认真准备,引经据典,很有深度,听众甚多。然而演讲不久就走掉一半,结束时听众已稀稀拉拉。他很沮丧,原来听者大都慕名而来,对文学理论知之甚少,也不感兴趣。而另一次在上海大学中文系开学典礼上,他作为系主任讲话,听者仅50名新生,他毫无准备,尽讲一些煽情的话,效果甚佳。他说:"我们50位青年学子,虽然人数不多,但我们要以一当十,以一当百,以一当千,以一当万,我们就是500人,5000人,5万人,就是一股巨大的力量。"下面热烈鼓掌。他后来想,因为这些年轻人涉世未深,特别需要鼓励和树立信心,所以才有如此效果。因此,我们讲话、写作,一定要看对象,要有针对性。(2021.1.4.和园)

武侯祠对联

成都武侯祠对联:"能攻心则反侧自消,自古知兵非好战;不审势即宽严皆误,后来治蜀要深思。"这是清代四川盐茶使赵藩所题,意在劝当时四川都督岑春煊不要穷兵黩武,应当了解民意,体察民情,考虑老百姓的需求。20世纪80年代初我第一次去成都对四川考研学生进行面试(李善民这一届),乘机参观了武侯祠,见到这副对联,深感震撼。"审时度势,攻心为上。"这是诸葛先生平定西南诸藩的良策,也是后来执政者治国安邦之道,任何时候都要考虑到人民的意愿,这是孔明先生的大智慧,意义深远!(2020.8.26.)

"红嘴绿鹦哥"

乾隆下江南,在常熟乡下吃了一顿农家饭,其中有新鲜菠菜味感最佳。问:"菜何名?"农人觉得菠菜名称太土气,随口说"红嘴绿鹦哥"。乾隆皇帝回京后,指令要食此菜,御厨遂宰杀红嘴绿鹦哥烹饪之,上皆不满意,并连续惩罚厨师数人。后有一位聪明御厨,对随行人员进行了调查研究,经分析认定是菠菜,于是选择鲜嫩菜叶烹制,皇上大悦,御厨也获嘉奖!所以凡事不能光看表面现象,认真调查研究很重要!

无非名利

小时候就听过一个故事,说的是乾隆皇帝下江南,有一次携众臣驻足金山寺与老和尚闲聊,问:"长江上南来北往的船只装载的是什么?"众臣答:"是粮、盐、布匹,赶考的书生、上任的官员……等。"乾隆皆不满意。此时老和尚说道:"老僧看来无非是'名''利'二字,商贾为利,士绅为名。"乾隆大悦,深表赞同!

苏小妹三难新郎的故事——民间流行的版本之一

昨日偶见西泠桥畔的苏小小墓园，已修缮一新。苏轼曾主政杭州，修了苏堤。于是，我就想到了一位才女——苏轼的妹妹"苏小妹"三难新郎的传说。

说的是苏小妹与秦公子新婚之夜，苏轼见到秦公子在厅里徘徊，入不了洞房，原来是其妹出了上联"举手推出窗前月"，秦公子对不上来，焦急无奈。见状，苏轼即在庭院内将一个石块投入井中，秦公子顿悟，当即吟出下联"投石冲破井底天"，过去了一关。但苏小妹又出第二个上联："二舟并驶，橹速（鲁肃）不如帆快（樊哙）。"这是一个双关语，秦公子又对不上来。苏轼赶紧取出洞箫吹奏一曲，秦公子又顿悟，对出下联："八音齐奏，笛清（狄青）哪比箫和（萧何）。"此时天色快亮，银烛燃尽，苏小妹给出第三个上联："银烛流泪，想必是火烧心痛"，秦公子仍无下联。此时苏轼赶紧用木槌敲钟，发出响声，秦公子遂有领悟，对出下联："金钟怒吼，大约为棒打腰疼。"于是入了洞房。（2018.9.25）

"笑坏一群牛"

今日雨水，想起我小时候母亲讲过一个关于春雨的故事。说的是古代有个文学少年解学士，在春雨泥泞中跌了一跤，众人大笑，于是他赋诗一首："春雨贵如油，下得满街流，跌倒解学士，笑坏一群牛。"众怒，责问其父，解学士当即将最后一句改为"笑坏众诸侯"，不仅平息了众怒，还受到了表扬！解学士就是明朝内阁首辅、大学士、《永乐大典》主编解缙。（2018.2.19）

送灶神对联

人们对"灶王爷"每年上天汇报工作寄予很大希望，我记得小时候送灶时，在锅台上要贴一副对联："上天言好事，下界保平安！"

徽商与徽戏

商业与文化是孪生兄弟，徽商与徽戏就是明证。徽州贫瘠，出路是经商，经商需要公关和宣传，催生了徽戏。徽剧在商人的推动下蓬勃发展，影响日益扩大，乃至于进京演出，促进了京剧的诞生！

阜宁县名和县域

考证一下县名和县域的历史，很有意义。在我的印象里，滨海、响水、射阳过去都属于阜宁县。幼年时，老人们经常谈到这三个县现在的县城就是阜宁县所属的镇，即东坎（滨海）、合德（射阳）、响水口（响水）。虽然我的出生地蔡桥镇现在属于滨海，但我自认为籍贯仍然是阜宁，因为我出生在20世纪30年代，阜宁县尚未分治。我很希望有一个权威机构认定一下县域的变迁与归属。（2021.1.23）

令人难忘的"茶馆文化"

我对江南小镇印象最深的是"茶馆"。20世纪五六十年代，我每到一地，一定要到茶馆里坐坐。那里是人们休闲娱乐的场所，也是人际交往的平台，更是农村各种信息传播交流的中心。有的人一壶在手，一坐半天，乐在其中。我也特别喜欢那种悠闲自在、轻松愉快的气氛。但不知什么时候，这样的"茶馆文化"逐渐消失了，也许是因为时代变迁，已经被更时尚的休闲方式取代了。不过，我还是希望这种"茶馆文化"能以适应新时代的方式再现，因为它太令人留恋了。（2021.2.4）

小议"出语惊人"

有一位诗人曾说"语不惊人死不休"，耐人寻味。一个人讲话、作文，要么具有深刻的哲理性，像一杯浓茶，发人深省；要么具有强烈的鼓动性，像一杯烈酒，使人振奋；切不可像一杯白开水，淡而无味。这是我 20 世纪 80 年代在课堂上多次讲过的,有一次校友聚会,有人还记得我当时的这番话。当然,要做到这一点并不容易,我也做不到,仅以此自勉自励而已,并乐意和大家分享!(2020.9.12.和园)

《基督山伯爵》重播

今天中午中央电视台 6 套重播经典的法国电影《基督山伯爵》,我又看了一遍,可以说已经看过 N 遍了。第一次看是在 40 多年前,当时我在"文革"后第一次给农经 77 级学生上技术经济课程,课上我向同学们介绍和推荐了这部电影。这部电影是根据大仲马的同名小说改编的。小说中文译本多种,其中复旦大学经济学教授蒋学模的译本较为著名,他是最初的翻译者。这本书的结尾作者写道:人类的一切智慧都包含在"等待"和"希望"四个字里。电影《基督山伯爵》的主题可以有各种各样的理解,不同的角度有不同的理解,是复仇,是伸张正义,是维护法制,是为了个人的尊严和荣誉,还是男主人公自己说的——为了狭隘的报复思想毁坏了一个已经幸福的家庭?(2020.3.28.和园)

日本电影《编舟记》

今天看了中央电视台 6 套播放的日本电影《编舟记》,深受感动!主人公马缔光也与同仁历尽艰辛,排除万难,花了 15 年时间,完成日本国语大辞典《大渡海》的编写工作,尤其感人的是在第四校的时候他们发现遗漏了一个词条,然后决定全部重新校对一遍,全体人员均住编辑部日夜赶工。这种认真负责的态度值得我们学习。而且他们在辞典出版的庆功会上就已经开始准备修订了,这种不断挑战自我的精神,也许是日本在战后出现经济奇迹的一个重要因素。(2021.1.30)

五、社会观察

买热水瓶也要"开后门"

20 世纪 70 年代,十年"文革"使国民经济到了崩溃的边缘,消费品紧缺。当时我们学校在扬州,有一次我们夫妇到文昌阁第四百货商店购买竹壳热水瓶,营业员答:"无货。"突然她抬头看见我夫人说:"你不是苏北人民医院门诊部的吗,我小孩上次看病还麻烦过你呢!"于是从柜台后面拿出来一只热水瓶,说:"刚好还有一只。"我只好笑着说:"谢谢你了!"所以在物资短缺的年代,客观上不能满足每一个消费者的需求,于是消费品就成为利益交换的手段,也就产生了"开后门"现象。如今物资供应充足,谁还去为买只热水瓶"开后门"呢?存在决定意识是有道理的。(2020.3.20.和园)

雪与人的阶级性

"文革"中流行一个段子:说的是某日,秀才、小吏、财主与一劳动者因大雪在破庙中偶遇,闲来无事,有人提出每人以雪为题赋诗一句。秀才:"大雪纷纷落地。"小吏:"此乃皇家瑞气。"财主:"再下三年何妨。"劳动者见他们只顾自赏自乐,不顾大雪给人民带来的困苦,愤然而起说:"放你娘的狗屁!"当时有人点评说,这四句诗反映了秀才的"酸",官吏的"媚",财主的"摆"和劳动者的人民性。这个趣事说明"雪"是自然现象,但是不同经济地位的人对雪的态度具有阶级性。(2018.1.25)

赞改革开放

改革开放 40 年,我们告别了贫穷,这是我最大的感受。我在改革开放前的 40 年中,基本上是在战争、贫困甚至饥饿的年代度过的。我工作时,月工资 53.4 元,还要抚育两个孩子,直到 1978 年才调工资,无长物,无存款。1971 年学校并入扬州,我搬家时唯一的家具是一个五斗橱。一位学校领导调侃说:就像下放户一样。与现在的生活相比,真是天壤之别。虽然我们对现状仍有不满意之处,我们仍须努力改进和追求,但是,40 年改革开放所取得的成就,无论怎样评价都不过分。我从内心感谢邓小平,感谢改革开放带来的巨大变化。

我幼时在农村生活,青年时期也常去农村,深深理解和体会到农村的贫困。几千年来的中国史就是农民活不下去而造反的历史。如果生存都成了问题,那尊严也是一句空话。而今,数以亿计的农民终于告别了苦难,过上了小康生活,这不仅是在中国,也是 20 世纪人类历史上最伟大的成就,将永远载入史册! 所以,从这个意义上说,我们对改革开放的成果无论怎样评价都不过分。

改革开放不会倒退

电脑和手机正在改变不丹小国的生活方式,再次证明改革开放的巨大威力,现代文明定会战胜封闭和落后。这使我想起 20 世纪 90 年代,我曾应邀为东南大学学生做过一场报告,在回答"改革开放是否会倒退"问题时,我说:"不会,理由有三:(1) 改革开放是中央领导和人民的共识,定会坚持下去;(2) 国门已打开,人们已经了解外部世界,不可能再闭关自守,就像'魔鬼'已经从瓶子里放出来,回不去了;(3) 人民已经从改革开放中得益,谁也不愿意再失去已经获得的利益。"30 年过去了,事实证明,我们虽然也遇到过困难和障碍,但是改革开放的洪流还是滚滚向前。(2018.7.25)

苏南人的"精明":他们善于捕捉商机

改革开放之初,苏南乡镇企业异军突起,并迅速转型走强,华西村从敲敲打打的小作坊成为钢铁联合企业,江阴一个县有40多家上市公司。其中原因之一,与他们善于捕捉商机甚至把各种社会信息转化为商业信息有关。下面是20世纪80年代在常熟听到的几则有趣的小故事:有一年小平同志提出"足球要从娃娃抓起",他们立即生产一种适合青少年踢的小足球,并免费赠送1000个给北京、上海,一下子就打开了销路。有一年中央提出开展"严打"行动,他们很快推出新款囚车,"严打"开始后,各省纷纷订货。还有,他们得知苏北、皖北年青女性喜欢美观时尚的羊绒衫,但正常羊绒衫价格太贵,承受不了,于是,他们就推出一款超薄型的羊绒衫,用料节省1/2以上,价格低廉,外观时尚,很受欠发达地区农村女士的欢迎。凡此种种,不一而足,这就是苏南人的"精明"。(2020.5.11.和园)

为何浙江常常走在前头
—— 回忆20世纪90年代的一次经济研讨会

此次抗疫浙江率先启动一级响应,第一批封城,争取了主动。这使我想起20世纪90年代参加的一次省经济学专家组会议,在会上有人提出,为何浙江在经济政策上比江苏灵活,常常走在前面,差距在哪里?讨论时,有些专家认为:在经济领域,中央政策明确可以做的事,江、浙都做了,明确不可以做的事,江、浙都不会做;然而,中央政策还没有明确是否可以做的事,往往浙江已经做了,而江苏还在等待,这就让浙江占了先机。这个就是思想上主动性的差距。我是赞同这一观点的,至今仍然记忆犹新!(2020.2.24.和园)

佛门也有功利

我大外甥现在日本岗山大学任教。他曾讲过一个故事：20世纪80年代他在上海交大读研时，假期去九华山云游，遇一高僧对他说："数十年来我在山上纵观山下风云变幻，人事沧桑，而我心静如水。"外甥听后肃然起敬，遂悉心请教，高僧亦甚欣慰，逐劝其入佛门，并说："你有研究生学历，入佛门后，晋升有利，很快就可能成为法师，地位就不一样了。"外甥顿时又有所悟，原来佛门也有功利！所以，在一个世俗社会里都要食人间烟火，要完全超脱功利是不现实的。就像鲁迅先生所说，一个地球人想要抓住自己的头发飞上天是不可能的，我们在制定和执行规则的时候必须考虑到这一点。当然，凡事有度，我们还是要以正面教育为主，激发正能量，只不过在各种政策措施中要考虑到群体中各方面的利益。（2020.5.16.和园）

国家公祭日

今天是12月13日——国家公祭日！南京农业大学主楼前面竖立起巨大的标语牌，警示人们勿忘国耻。南京大屠杀是人类历史上最大规模的屠杀，遇难者的手连接起来可以从南京到杭州。但为何在战后南京大屠杀一再被日本右翼分子否认，其原因有：施暴者及战争发动者未遭到彻底清算，有的人战后还成为政治明星；战争赔偿甚微；战后美国急于扶持日本这个伙伴应对冷战，尽量淡化日本侵略者的罪行；日本主流政治和媒体极力掩盖罪行并鼓动狭隘的民族主义，甚至美化侵略者；中国及亚洲受

害国对侵略者过于宽恕,未能形成对施暴者持久和强大的批判和谴责。因而致使日、德两国侵略者遭受清算的程度形成巨大的反差。这应验了毛主席的一句名言:"对敌人的仁慈,就是对人民的残忍。"所以,这次将南京大屠杀纪念日提升为国家公祭日,非常必要,至少可以在国内外唤起人们的惨痛记忆,教导人民永世不忘!(2020.12.13.卫岗)

由美国的长臂管辖法律想到了卢沟桥事变和南京大屠杀

美国制定的维护美国利益的"长臂法律",要求世界各国都要遵守,否则将受到惩罚。如果不考虑规则的正义性和正当性,就会得出荒唐的结论!比如卢沟桥事变,我们不去谴责日本的侵略,而探究中国对待一个失踪的日本士兵有无违反日本的规则。又如,南京大屠杀的起因,我们不去声讨日本灭我中华的野心,却要分析中国是否违反了日本制定的"大东亚共荣圈"的规则而抵抗过度?我们怎么对得起30万亡灵?又如,强征慰安妇是日本制定的"规则",难道我们也应该遵守吗?

美国声称要惩罚那些与他们制裁的国家有经贸联系的国家与公司,并且制定了法律,实际上也是一种经济上的霸道行为,实质上和当年日本军国主义政府为霸占东南亚领土和资源的侵略行为一样。特朗普已明确宣布,不允许别的国家在科技和经济方面超越美国,所以他已经不是"阴谋"而是"阳谋"了。毫无疑问,他如果用经济手段达不到目的,很可能就要用军事手段了!(2018.12.13)

秋瑾与互联网

昨晚在南农经管学院迎新晚会上,有一个节目叫《秋瑾》,很精彩,把秋瑾女士的革命气节和大义凛然的精神,表现得很到位!当时,我问坐在身旁的辅导员师慧:"你知道秋瑾有一句名言吗?"她说:"是什么?"我回答:"秋风秋雨愁煞人。"她随即用手机在网上查到了这个词条。我又问:"秋瑾有一个别号,叫做什么'女侠'?"她百度了一下说:"鉴湖女侠。"我由此想到互联网真好,我们在学习、工作和日常生活中,应当充分利用互联网这个工具。但是也不能过分依赖,更不能因此而不重视系统知识的学习,因为网上信息有时并不准确,而且是碎片化的知识和资讯。(2018.10.11.卫岗)

中医的出路

中医有悠久的历史,但是不能停留在历史框架内,中医最大的危机是一切依照古训,缺少理论创新。中医的出路在于吸收现当代科技成果,使古老的中医理论焕发青春,建立新的符合现代科学的理论框架。发掘中医经典也必须应用现代科学手段,而不是教条式地死记硬背,或者用过去那种朴素的辩证原理来解释。

为《中华人民共和国民法典》鼓掌

为全国人大表决通过的中国首部《中华人民共和国民法典》鼓掌欢呼!《中华人民共和国民法典》最大的亮点之一就是在世界法治史上首开将人格权独立成篇的先河,使人格尊严得到全面的保护。人的尊严是与生俱来的人的内在价值,应该把人的尊严视为人权的"第一原则"。尊重别人就是尊重自己,做人的基本原则就是平等待人。职务有高低,学问有大小,财富有多少,但是人格都是平等的,无论何时何地都应该受到尊重。"文化大革命"的最大恶果之一,就是不尊重人,肆意侮辱人的尊严。在那个不正常的年代,人格可以侮辱,人身可以侵犯,人的基本权利得不到保障。所幸这历史的一页早已翻过去了。

信仰

我们需要有信仰,信仰是生活的意义和追求,是伦理道德的规范,是一种内在的约束力量。所以,一个没有信仰的人,可能是一个为非作歹的人,因为他做任何坏事都不受良心的谴责。我曾和海归讨论过,为何美国这个移民国家,这个多元文化的社会,能够有序地运行且充满创造性,答案是:美国人有宗教信仰——一种内在的约束机制和精神力量;美国有较完善的法律——一种外在的约束机制和社会支柱。

共产主义也是一种信仰,是一种对理想社会的追求。一个没有剥削和压迫,一个物质文化生活极大丰富、人人平等自由的社会,当然是我们每个人都向往的理想社会。20世纪50年代初我成为一名共青团员的时候,确信是为此目的而奋斗的,每当想起那个时代,还有热血沸腾的感觉。如今半个多世纪过去了,希望伟大的"中国梦"能够唤醒人们继续为这个崇高伟大的理想而奋斗!

于细微处见精神

近日,"江苏省委书记与医师合影站在后排""南财大领导登门为新生送喜报"两则新闻引起较大的社会反响。我觉得这两件小事反映了我们在认知上的大道理,即平等的观念、平视的眼光以及平和的心态。一是平等的观念。人们的职务有高低,学问有大小,财富有多少,但是人格都是平等的,都应该受到尊重。二是平视的眼光。在相互关系中,任何时候都应该平视,仰视产生自卑,俯视产生傲慢,平视才是平等的体现。三是平和的心态。我们共产党人的宗旨是为人民服务,既然都是为人民服务,就没有高低贵贱之分,只要对人民有益的事,我们都会自觉自愿地去做,心态自然就平和了。(2020.8.20)

逻辑教育要从娃娃抓起

我们不少人有一个很大的弱点,就是缺乏逻辑思维的能力,所以在思考问题或者讨论问题的时候,难以形成共识,有的人非此即彼,有的人语无伦次,有的人强词夺理。这种违反逻辑或者不符合常识的现象,有时令人无法忍受。究其原因,与教育方式尤其是少儿的教育方式有关,一旦这种不讲逻辑的思维惯性形成,就很难改正,而且很可能成为一个一辈子不讲理的人。所以,逻辑教育一定要从娃娃抓起。(2019.6.15)

买不到保暖的"保暖内衣"

昨天一个下午泡在新街口商场,想买一套真正的"保暖内衣",却一无所获,虽然有各种时尚的号称保暖的品牌,但实际上并不能有效地保暖。现在看来,厂家并未真正认识到老年人这个消费群体的需求和这个潜在的巨大市场。如果现在有一种能够真正保温或者能产生热量的服装投入市场,一定会十分畅销。而且现代科技如此发达,宇航服都造出来了,保温和生热的服装还造不出来吗?随着老龄化社会的到来,这个巨大的商机为何无人注意,实在令人遗憾!(2019.10.31)

老龄社会需要老年经济学和老年文化

中国正在进入老龄化社会,养老问题日益突出,是涉及心理、伦理、道德和社会经济、法制等许多方面综合治理的难题。伴随老龄化的社会矛盾亟待解决,也需要从理论层面获得正确的分析与回答。例如养老机构的性质如何界定,是企业行为还是公益行为,或者兼而有之,又如何加以正确地阐述?又如,现代社会知识更新速度和生活节奏越来越快,老年人如何适应?甚至有些老年人埋怨年轻人对他们缺乏关心和照护,而年轻人感到力不从心或者认为老年人不够体谅?凡此种种需要有一种老年文化,使社会心理得到合理调整,促进社会和谐,所以老龄社会呼唤老年经济学和老年文化,而目前这方面的研究似乎薄弱,需要引起全社会的重视!(2021.5.1.和园)

老年人再婚要慎重——兼论爱情产生的基础与保持因素

当下人们发现：老年人再婚真正的成功率不高，不少人仍然是凑合式的婚姻。原因何在？首先我们分析一下什么是爱情。所谓爱情，是指两性相互吸引而产生的感情。青年男女之间产生爱情，有生物学因素和社会学因素，一是激情与冲动（生物学），二是容颜和气质（生物学与社会学），三是理想与追求（家庭与事业的梦想）。这种情感得以保持，是因为性格的磨合和适应，共有的经济基础（财产），以及在抚育子女、赡养父母过程中形成的亲情和责任。然而，老年人的情况则不同，激情可能还有但肯定越来越少，容颜已老气质犹存，可能还有梦但已不是年轻时的远大理想，因此老年人产生爱情的基础是薄弱的。至于保持则更难，因为性格已定型很难磨合到互相适应，共有财产不存在，亲情也很难形成，所以老年人婚姻往往不够稳定，一个重要原因就是感情基础比较脆弱。

当然，老年人并非不需要感情，这种感情往往是生活上的相互照顾，共同的兴趣爱好以及外貌气质上的相互欣赏。这样的情感不一定要通过婚姻的形式来实现，可以通过交友、参加各种丰富的社交活动来实现。而且我们还要看到，由于年龄越来越大，病痛增加，生活上相互照顾会更困难；还由于不可能偕老，可能会遭遇到第二次失偶，经受第二次悲痛。

总之，虽然老年人应当有追求爱情的权利，但是要再次步入婚姻殿堂，还是慎重为好。（2018.7.17）

社会达尔文主义阴魂不散——关于抗疫的两种策略

将自然界"生存斗争，优胜劣汰"的达尔文主义应用到人类社会，是不符合人类的伦理和道德的。现在英、美在抗疫中一开始采用的所谓"群体免疫"，就是让病毒来筛选人类，让那些不能产生相应抗体的人群自生自灭。这些人是年老体弱的人或者贫困无助的人，这实质上就是社会达尔文主义的实践。大家知道,"社会达尔文主义"理论是种族主义者包括纳粹主义的指导思想,如果我们承认这种理论,那么,法西斯战争和消灭劣等民族的行为也就具有某种合理性了。

毫无疑问,中国采取的封城和大规模的集中医疗力量挽救每一个生命(特别是弱势群体)是正确的抉择。虽然要消耗大量的社会成本,但效果显著,对待人民生命安全的问题不能单纯地考虑成本效益,因为生命无价。这也体现了中国特色社会主义制度的优越性,世界上每一个有良心的人,都会赞同的。

美国800多位学者(包括南农校友陈希教授)呼吁书的主要内容,就是希望政府有所作为,特别要关注弱势群体,看来并未感动特朗普政府。怪不得过去曾有人说,美国是儿童的天堂,青年人的战场,老年人的坟场。因为如果让病毒自生自灭,自然选择,那么首先被淘汰的肯定是年老体弱的人。

我有时在想,如果我们国家也采用"群体免疫"的策略,那像我们这些年逾八旬的老人,可能早已回归自然了,幸好不是,所以才能和诸位校友、微友聊天。(2020.3.14)

抗疫杂谈

现在看来,世界各国所采取的抗疫措施大致相似,都是隔离封堵,防止传播,大力救治重症者。各国根据疫情的变化,防控力度上有差异,但基本上目标一致,就是不让疫情自由泛滥。我原来理解"群体免疫"的理念是让病毒筛选人类,让强壮者产生免疫力,淘汰老弱病残,不人为阻止感染(因为不感染就产生不了免疫力)。现在看来没有一个国家这样做,都在防控,都不放弃老年重症者。

大疫倒逼我们反思,要加大公共服务设施的投资,提高公共卫生领域供给的质量,尤其是公共卫生人才的培养和基础科学的加强。所以,国家要支持和鼓励双一流大学设立公共卫生学院。

近日中外不断传来成功研制新冠疫苗的佳讯,期待尽快通过临床试验投入使用,这是令人振奋的好消息,也是防抗疫情最有效的方法。正是因为发现了"牛痘",这个世界才灭绝了"天花"。所以,战胜疫情最终还是要靠科技的进步,人类创新科技,科技造福人类,技术进步不仅是经济增长与发展的源泉,也是人类社会文明与进步的保障!

六、学术探讨

谈经济研究方法

定性与定量相结合,应该是我们经济分析的基本原则。毫无疑问,质的区别要有量的界限,量化分析和模型是必要的。由于社会现象的复杂性,仅有举例说明是不够的,我们要证明任何问题都可以找到例证,所以经济研究的科学化要有大数据、数量分析和模型。但是,我们也不能陷入另一种片面性——过度的数学化和模型化。因为最好的模型也只是近似地反映现实,而且社会经济现象间的联系,不像有些自然现象那样是一种确定性的关系(如 $\pi = 3.1416$)。它受自然、社会、经济甚至心理因素的影响,我们通过回归建立起来的模型,不可能那么精确,而且条件一改变解释力就大打折扣。我记得改革开放初期有人建立了一个经济预测模型,但第二年就失效了,因为我们的经济政策改变了,从完全自力更生变为内外有债了。所以数学分析和模型,只是我们经济研究的手段和工具,不能本末倒置,为模型而模型。

城乡关系演变中的农二代

此文[①]提出的问题很有现实意义。一是如何解决农二代融入城市生活的问题,二是在城乡关系的演变中如何保障农民的合法权益

---

① 刘守英:《别指望农二代回农村,也不能把他们当城市局外人》。

的问题。记得在王荣校友主政苏州时,我曾问他最难处理的社会矛盾是什么,他认为是新市民(主要是农二代)和原市民利益关系的矛盾和身份认同的问题。当时苏州地区新市民比重很大,能否顺利融合,对经济发展的影响甚大。另外,城乡一体化的过程中如何切实保障农民的合法权益,也是一个十分重要的课题。

中国应该有一本《贫困经济学》

如果有人问我当今世界最伟大的事件是什么? 我会毫不犹豫地说:是中国数亿农民脱贫奔小康! 这是中国有史以来从未解决的难题,是中国最大的群体利益所在,是许多发展中国家仍然存在的重大社会问题。那么中国是如何解决的、有什么规律可循、从经济理论上我们可以得到哪些新的启示? 我很希望能有这样一本经济学,如果我年轻30岁,我一定会全身心地投入到这项研究中去。(2020.4.9.和园)

农业规模经营是一个动态的概念

关于农业规模经营讨论了几十年,但用什么指标准确反映农业生产单位的规模,仍是一个值得探讨的问题。比如说家庭农场的规模,在粗放经营条件下,以土地规模来反映无疑是正确的;但在集约化经营的条件下,土地规模就不一定能反映农场的实际情况。在不同的集约化水平(劳动、资金、技术)下,特别是在智能化条件下,如何反映农业企业的规模更需要探讨。我很希望研究农业规模经营的学者也研究一下农业企业(包括家庭农场)的规模如何准确地界定和表达。(2020.4.17)

具有时代特色和创新精神的学术成果

近日我看到了耿献辉教授的新作《我国生鲜农产品流通渠道研究》,十分高兴,虽然夏日炎炎,我还是饶有兴致地读完此书的电子版,并写了如下感言。

现代互联网技术的快速发展与广泛渗透,生鲜农产品流通的商业模式不断变革。但是,由于这类农产品的特殊属性,易腐易烂、价值相对较低、分散生产、标准化难度大等特征,其流通渠道较为多元化。如何提高生鲜品流通渠道的效率,一直被学术界与实践领域、经济学与管理学等多学科所重点关注。电商出现后,曾被寄予厚望,然而迄今为止,无论是电商还是超市,生鲜农产品的流通渠道发展都遇到瓶颈,还在摸索中。本书依托国家社会科学基金项目、国家现代农业(梨)产业技术体系研究项目和江苏省社科基金重大项目的研究成果,综合研究生鲜农产品的流通渠道,从视角、方法到成果,均取得新的突破和丰富成果。首先将生鲜农产品区分果蔬、畜禽、水产三大类,以生产者、运销商、消费者三大利益相关者行为主体的效用最大为视角,将生鲜农产品流通渠道分成批发市场主导、超市主导和电商平台主导三大模式并作为切入点,运用经济学产业组织理论和管理学的供应链理论与方法,划分流通渠道主体、经济主体横向竞争程度与纵向合作关系三个维度展开探讨。

本研究基于综合经济学与管理学理论所提出并运用的流通渠道经济主体横向竞争与纵向合作分析框架具有重要学术价值,研究成果既可为政策制定提供依据,又对行为主体具有启发与指导意义,为生鲜农产品流通渠道研究的深化开辟了一条新的路径。采用大量案例研究是本书另外一个重要特色,由于生鲜农产品种类繁多,产品属性各异,导致生产、运销及消费场景不尽相同,因此在流通渠道,各类不同主体之间组织结构关系、组织发育和功能的健全程度以及主体间关系的不平衡性均有显著差异,只有通过众多深入现实的案例研究,才能真正将研究引向深入。这也表现出作者严谨求实的科学态度和扎实的学风。

这项通过对生鲜农产品流通渠道经济主体的竞争分析研究,为消除不正常的竞争壁垒、完善市场有效性的制度设计提供了重要的依据。通过纵向的合作关系研究,对于从主体组织化、功能拓展和关系协调三个关键节点,优化我国生鲜农产品流通渠道具有重要启迪。从主体功能视角,批发市场可向消费端拓展延伸,完善其物流配送等功能,提高效率;超市可向生产端拓展延伸,通过"农超对接"等,实现产销直接对接;电商平台可提供更多的服务,比如应用区块链技术对农产品质量识别、信息、信用等进行管理,使整个产业链升级,推动电商发展。

总之,我们长期以来所期待的解决生鲜农产品小生产与大市场的矛盾,更通畅地对接生产与消费,以使各个经济主体效用最大化,这本书给了我们许多重要启示。我乐为推荐!(2020.9.9)

《农业技术进步与生产率研究——回顾与展望》序言

去年岁末,浙江大学中国农村发展研究院的青年学者龚斌磊博士来访,约我为他的新作《农业技术进步与生产率研究——回顾与展望》作序,我欣然接受。前年他也曾来舍间访问长谈,我感到这位青年才俊不仅学识丰富,富有创新精神,而且谦虚诚恳,所以我也谈了不少拙见,学术需要创新发展,学术也需要积累和沉淀。现在,此书即将付梓,我先将序言在朋友圈内转发,与大家分享。

随着我国经济开始从中高速增长转向高质量发展,这些年,我明显感到"经济高质量发展"作为一个时髦的"热词",正在越来越多地受到理论界、实务界和政界的关注。经济的高质量发展归根结底是各地区各产业的高质量发展,在众多产业门类中,农业作为一个古老而又重要的产业,它的高质量发展状况及其高质量发展机理应当被特别关注。人们对经济高质量发展的讨论很多,但专门讨论农业领域高质量发展的系统性读物很少,作为数十年来深耕农业经济领域的科研工作者,我十分期待有一本系统性地介绍农业领域高质量发展的读物能够面世。

　　我欣喜地看到，浙江大学中国农村发展研究院的龚斌磊团队主动承担起了这项工作，呈现在读者面前的这本名为《农业技术进步与生产率研究——回顾与展望》的著作，正是龚斌磊和他的研究团队这些年来对农业高质量发展研究的成果。龚斌磊是农业经济领域新生代学者中的杰出代表，已在学界崭露头角，并得到国内外学者的认可。2019年，龚斌磊曾来舍间访问，谈到他准备写一篇关于研究中国农业技术进步的综述文章，我也介绍了前辈学者的研究成果，包括安希伋、沈达尊、朱甸余、朱希刚、郑大豪、贺锡萍、展广伟、刘天福、万泽璋等等。之后龚斌磊将文稿交于我看，希望我能够提些意见。我回应说读后感觉很好，像这样全面系统的论述70年来中国农业技术进步学术研究的文章尚不多见，科学研究总是承前启后的，回顾历史，总结过去，有利于更好地昭示未来。龚斌磊表示他的团队准备在这篇论文的基础上，编写一本农业技术进步与生产率方面的综述类著作。

　　在我看来，农经学科研究一定要"顶天立地"。"顶天"就是国际上对最先进的理论、最新的成果要掌握。"立地"就是对中国的实际情况、对基层的情况要了解。究竟农村实际情况是怎样的，不能蜻蜓点水，最好能够深入下去，能够真正了解实际情况。我国农业农村改革经历了跌宕起伏，农林牧渔比重也发生了巨大变化，这些特征都会带来农业总体生产函数的重构问题，这对于刻画与分析快速发展的中国至关重要。但已有文献中较少探讨，其主要原因是西方发达国家的生产关系、农业技术和产业结构相对稳定，固定生产函数出现的误差较小。基于中国国情，龚斌磊提出的变系数生产函数和新增长核算法，为更准确地估计包括中国在内的发展中国家的投入产出关系和生产率，进而精准评估经济发展质量并厘清驱动机制，提供了新的理论基础和实证工具。龚斌磊的这项研究创新了经济学理论，解决了中国实际问题，确实做到了"顶天立地"。

本书的最大亮点在于使用技术进步和生产率这一分析工具,从供给侧解构了农业高质量发展这一相对笼统的概念。通过这一解构,可以使相关领域的学者和学生更加直观地理解农业高质量发展"是什么"。更进一步地,对于农经研究人员而言,这一解构方式为我们搭建了生产率研究与经济高质量发展研究的桥梁,有助于我们建立高质量发展与生产率和技术进步之间的联系。生产率作为一个具有较强学术性的词汇,需要通过经济高质量发展这一公众命题赋予其现实意义,而经济高质量发展则需要通过生产率和技术进步提升它的学理内涵。龚斌磊的这部作品总体而言,实现了理论与现实之间的贯通。

2019年,龚斌磊博士来访合影

具体而言,这本书分为四个部分。第一部分着重展现农业高质量发展的思想理论源泉,从普遍到特殊,梳理了历史上经济增长与技术进步的一般理论,着重介绍了新古典增长理论和内生增长理论,这也是现阶段研究经济增长和生产率提升相关文献的重要理论基础。在农业领域,这本书梳理了诱致性技术创新理论、农业踏车理论、改造传统农业理论和农业发展阶段与资源互补论的发展过程和应用场景。在第二部分中,龚斌磊发挥自身专长,全面系统地梳理了农业技术进步率的测算方法,这其中既包括较为经典的索洛余值与生产函数法、指数法、数据包络法,也包括更为先进的随机前沿分析法。第三部分从理论转到现实,立足中国实际,梳理了新中国成立以来农业技术进步的若干实证研究,并对农业技术进步的原因展开了分析。龚斌磊在书中强调了科研投入、制度改革、对外开放等因素对农业技术进步与高质量发展的重要意义。这不仅为实务界促进农业高质量发展提供一定的政策参考,也有利于启发其他研究者,进一步拓展农业技术进步与高质量发展原因分析的研究广度和深度。对于一些重要议题,比如制度变迁、诱致性技术创新以及农业生产率收敛等问题,这本书还进行了专门的讨论。第四部分探讨了农业技术进步与生产率研究领域面临的问题、挑战和改进方法,并对这一领域的研究热点进行了展望。这部分站在国际相关研究的最前沿进行分析和预测,值得农经学者们参考。

总体而言,这本书循序渐进地回答了农业高质量发展"是什么""怎么测""中国表现如何""如何促进"以及"今后怎么发展"五个问题。龚斌磊凭借技术进步与生产率这一内核,将上述五个问题通过这本书紧密地串连在了一起,做到了"顶天"和"立地"。值得一提的是,这本书的副标题是"回顾与展望",我认为它体现了这部作品应有的立意。我们国家正在经历百年未有之大变局,身处这个时代的每一个人,既需要转身看看前人为我们铺好的道路,也要想想我们需要创造一个什么样的未来,作为农业经济领域的科研工作者也应如此。科学研究总是承前启后的,回顾历史,总结过去,才能更好地昭示未来。龚斌磊认为自己的工作也只是站在巨人的肩膀上所做的微小的贡献,但在我看来,这一贡献已经足够令人喜悦。

是为序。(2021.2.3.和园)

七、两篇演讲稿

在南京农业嘉年华和创意农业国际学术研讨会上的讲话

各位领导、各位嘉宾、各位代表：

首先请允许我代表受聘的顾问专家，向南京农业嘉年华和创意农业国际学术研讨会的召开，表示热烈的祝贺，我们受聘的顾问专家将尽力尽责，不负所托。

创意农业是现代农业的一个新的模式、一个新的高度，也是新时代社会经济发展的新要求。党的十九大提出，中国现阶段社会的主要矛盾是人民日益增长的美好生活的需要和不平衡、不充分发展之间的矛盾。中国农业发展的更高阶段，就是要满足人们更高质量生活的要求。

创意农业起源于 20 世纪 90 年代后期，是指有效地将科技和人文要素融入农业生产，进一步拓展农业功能。通过整合资源，把传统农业发展为融生产、生活、生态为一体的现代化农业体系，推动农村经济社会的全面发展。也就是说，创意农业把人文科技因素注入农业，改造农业，建设新农村，使农业和农村的发展与生态文明、景观审美、经济繁荣结合在一起。农业不仅为人们提供粮食、工业原料等物质产品，还要提供优良的生态环境和优美的生活环境，实现人和自然的和谐发展。所以，创意农业是现代农业的更高阶段。

创意农业还拓展了农业的产业链，通过优质的农产品加工服务和农村文旅事业的推进，把第一、二、三产业有机地结合起来，形成

一、二、三产业全景链条，并和现代科技有效地嫁接，带来产业经济融合的乘数效应，也就是1+1大于2。

总之，创意农业前景广阔，意义深远，让我们一起为实现这个现代农业发展的新的飞跃共同努力吧！

祝南京农业嘉年华和创意农业国际学术研讨会获得圆满成功！

（2019.4.20）

脚踏实地，逐梦飞翔——在五四青年节上的讲话

青年朋友们：大家好！

即将到来的五四青年节是你们的节日，也是我们大家的节日，首先祝大家节日快乐！团委的老师让我来跟大家分享自己的故事，我想要跟大家聊点什么呢？大家可能还不认识我，先给大家做个自我介绍吧。我是顾焕章，今年85岁了，1956年考入南农农经系，1960年留校任教，这也是我在南农的第63个年头，可以说是一个地地道道的老南农人了。当初凭着一腔热血和对教师工作的热爱，我选择了留校工作，这一留就是60年。

回想当初，我报考农经系也算是机缘巧合吧。我现在还记得当时的招生信息中说农经系就是要为国家培养集体农庄主席、国营农场场长、拖拉机站站长。我就是奔着这个来的，来了以后才发现好像不是这样的，受当时政治环境影响，除了基本的课业之外，我们还要经常劳动，下放到农村锻炼。但是我还是很努力地学习，考试课程的成绩一直保持全优，同时还积极参加了一些课外活动，比如担任了学校广播站的编辑兼广播员。人生最惜是青春，青年时期是我们人生最宝贵的时光，而大学尤其是现在的大学，是最好的学习环境，我们一定要珍惜！

我留校做了一名老师，再后来，我当上了系主任，见证了下一代南农人的成长。我记得很清楚，那是南农农经84届，共有60人，他们在政、学、商三界出了不少成功人士。比如政界有任广东省副省长的

叶贞琴，还有在农业部担任司局级及以上干部的潘显政等等很多人。学界就更不用说了，在国内有上海社科院副院长王振，北大农研室主任、现代农学院农经学科带头人黄季焜，还有我们南农经管学院原院长周应恒，当然还有很多在国外高校或研究机构任领导职务或高级专家。商界也有很多担任基金、证券等公司的老总，还有不少人担任省市银行的领导。以上也是我不完全的了解，他们是我担任系主任后毕业的第一届学生。30多年过去了，他们的成长经历我还记得清清楚楚，感觉30年前的人和事也都历历在目。所以看着他们，再看看自己，我想说，作为一个南农人，作为一个从事农业教育的学者，我很自豪！我这一生中有两件事从不后悔，一是学农不后悔，二是做老师不后悔。也希望你们可以做好自己的选择，不断奋斗，做出那么几件让自己不后悔的事。我相信，30年后的中国一定是靠你们来撑起的。

同学们，正如习近平总书记所说，青年一代有理想、有担当，国家就有前途，民族就有希望。我们这一代人已经渐渐退到了幕后，但你们还是早上八九点钟的太阳，希望寄托在你们身上。现在你们拥有的生活，是和平富裕的生活；你们所在的学校，是秉承勤朴诚仁的百年名校；你们的执教老师，也是集合知识与品德的学术精英。国家给予了你们这么好的条件，我们一定要充分利用这些优越的环境条件，在大学四年中，努力学习，勇敢前行，能够做一个人生规划，切勿虚度光阴，碌碌无为。

另外，你们的人生之路还很长，在这个过程中，有平川也有高山，不会是一帆风顺，没有谁会顺顺利利就可以获得成功的。因此，青年时期多经历一点摔打、挫折、考验，更有利于走好未来的路。同学们，无论做什么事情，你们都要多思、多想、多看；少指责、少抱怨、少后悔。心中要有阳光，脚下要有力量！为了理想能坚持、不懈怠，要与时代一起前进，你们也才会拥有无愧于时代的人生。

　　最后，借此机会，再次祝大家节日快乐！真心地希望同学们脚踏
实地、不懈奋斗、把握美好的大学时光！祝愿同学们学有所成，也祝
愿南京农业大学的未来因为你们而更美好！你们今天以南农为荣，
南农的明天将以你们为荣！让我们一起努力吧！(2019.4.29)

八、天伦乐趣

85 岁生日

今天是双 11,我的生日,85 岁了！今年本想忘掉年龄,糊里糊涂过,但是校内曾经与我一起合作共事数十年的部分校友,还是小聚了一下,包括临时因故未来的也转致问候,家人也团聚了一番,看来他们非要让我活得明白一些！乘此机会,向多年来所有关心我、关注我和为我庆生的校友、亲友和微友,表示最衷心的谢意、爱意和敬意！(2019.11.11.南京)

生日趣事

11 月 11 日,我与美国密西根大学金松青教授同日庆生,成为"中国三农论坛"议论的一件趣事,杨进教授还转发了《农林经济管理》杂志社的郭如良老师所作的一首感怀诗篇,将我们二人的姓名嵌入其中。

> 三农平台,炫烁灿烂。
>
> 中西庆生,顾金聚场。
>
> 焕扬农经,旗帜华章。
>
> 松鹤延年,事业长青;
>
> 启迪后学,驾舟驶帆。
>
> 乡村振兴,老少梦昌。

——《农林经济管理》郭良如老师为中美顾焕章、金松青同日庆生感怀。（2020.11.11）

访英什忆：牛顿的苹果树

2015 年我随团访问剑桥时，特地去三一学院看了那棵牛顿的苹果树，旁边还有一块牌子，说明这就是当年牛顿受落果启发发现万有引力的那棵苹果树。此事本来就是一个传奇故事，我小时候就听说过。但我常常想，熟透了的苹果落地，一般人习以为常，为何牛顿却因此而深思，最后在物理学上有了重大发现呢？这说明丰富的想象力和质疑精神，是伟大的科学家最可宝贵的品质。这也启迪我们，一定

摄于 2015 年 8 月

要努力推进启发式教育，才能培育出具有创新精神的人才。（2021.2.5）

访英什忆：康河与徐志摩的诗碑

清清的康河在剑桥的校园里静静地流淌，两岸绿草如茵，风光如画。绿荫覆盖下的康桥旁竖立着一块徐志摩的诗碑"轻轻的我走了，正如我轻轻的来"。这是英国人给中国诗人树立的唯一的一块诗碑，也是东西方文化互动交流的象征。金发碧眼的船娘，一边摇着橹，一边讲述康河的故事，我们轻轻地穿越了康桥，看到了河边的金柳在风中摇曳，看到了生长在软泥中的青荇在碧波中荡漾。古老的建筑和充满文化气息的大学校园，给我们留下了深刻的印象。（2021.2.7）

摄于 2015 年 8 月

访英什忆：霍金办公室里的中国条幅

摄于 2015 年 8 月

在剑桥校园一座古老的建筑里，我们参观了霍金的办公室。其内部设置很简朴，墙上除了一幅油画以外，居然还有一个中文的条幅，上面写着"人去留影"四个大字，说明这位与病魔战斗了一生的著名物理学家，对东方文化也很有兴趣。"人去留影"是中国传统哲学思想的一种体现，可能对他人生的思考有所启迪，可惜他已经永远地离开了我们，我们无法解开这个谜！（2021.2.8）

访英什忆：大英博物馆一瞥

位于伦敦的大英博物馆是世界上历史最悠久、规模最宏伟的综合博物馆，不仅有古埃及、希腊的出土文物，还有 2 万余件中国的珍贵文物。十大镇馆之宝中，中国的就有三件，包括古瓷器、绘画、钱币等,其中不少是英法联军入侵中国时掠夺去的。我们去参观的那天,虽然人很多,但是秩序井然,接待人员也很热情。由于展品太多,我们重点看了中国馆,有点遗憾的是我花了不少时间寻找马克思的脚印,无果,询问工作人员,他们竟茫然不知。后来我也曾向在伦敦的校友询问过,他们有一个合理的解释,就是大英博物馆图书馆曾经大修过,所以地上的痕迹可能被抹去了;还有一种说法是现在的图书馆已不在原址,脚印也就不存在了。(2021.2.10)

访英什忆:美丽古镇温彻斯特

英国南部的小镇温彻斯特曾经是英格兰的首府,南安普敦大学艺术学院就在这里。2015年"中英文化产业高层论坛"在这里举行,南京大学顾江教授率团参加并主持了大会。这里有英国著名的天主教堂,家家户户门前都装饰了鲜花,风景优美,人们热情好客,彬彬有礼。艺术学院校园

摄于2015年8月

也是旅游圣地,我们在那里留影纪念。小镇周围是天然牧场,管理得很好,动物们不会上街也不会污染道路。小镇上有许多名人故居和骑士的雕像,显示了厚重的文化底蕴,令人印象深刻!(2021.2.14)

访英什忆:英国的教堂文化

英国到处都有教堂,从南安普敦到伦敦到北部的爱丁堡,随处可见这种尖顶的建筑——教堂,信徒们在这里祈祷、忏悔和集会,也是举行婚礼等重要活动的场所,还是王公贵族和文化科学名人安息之地,能够魂归此处是最大的荣耀,所以在英国看不到像中国十三陵那样宏大的墓园。这也是一种宗教文化的具体体现。(2021.2.17)

访英什忆：古堡和庄园

古堡和庄园是英国地域文化的象征。温莎城堡是女王在伦敦郊区的一座行宫，实际上也是一座城堡，建于 11 世纪，女王每年有很多时间住在这里。温莎城堡有千间房，不过显得有些阴森，教堂的地下还埋着王室先人的亡魂。丘吉尔庄园位于牛津郊外，有豪华的建筑和花园，是丘吉尔首相出生的地方，现在成了旅游胜地。爱丁堡城堡是苏格兰首府爱丁堡的标志，实际上是一座要塞，建在山上，气势恢宏，现在也成了旅游景点。（2021.2.18）

访英什忆：有趣的门卫和幽默的街头艺人

温莎城堡和爱丁堡王宫的门卫也是一道风景。他们有的是仪式性的，盛妆站立，不苟言笑；有的在维持秩序，和颜悦色。伦敦和爱丁堡的街头艺人，却是具有民族特色的或者带有幽默感的街头艺术家。他们主要目的是展示才华，但也接受行人的馈赠！（2021.2.19.和园）

摄于 2015 年 8 月

上海日记

2020年11月1日,晴。入住百乐门酒店,从18楼远眺(图1)。寻访我1945年就读的培真小学旧址(华山路与淮海中路路口),现在是一家咖啡馆,其三幢建筑犹存,建于1922年,已作为民国建筑加以保护,咖啡馆店主热情接待,并为我们摄影(图2)。步行至武康大楼,并参观,当年我住在高安路,每次上学都经过此地,一楼有一个舞厅,现在已是商店(图3)。中午我大妹一家在南京西路"上海1号"举行家庭聚会,相谈甚欢,我也乘兴致辞。晚上应邀与校友王曾金夫妇及王志明小聚,尽兴而归。(2020.11.2.上海百乐门酒店)

图1 　　　　　　　图2 　　　　　　　图3

2020年11月2日,晴。晨起,窗外风光如画,金碧辉煌的静安寺坐落在高楼林立之中。百乐门酒店曾有许多名人下榻,刘海粟先生还留下墨宝。白天逛商场,并参观著名的百乐门舞厅。百年来,上海滩有许多故事都发生在这里,我少年时期曾多次从门前经过,但从未进入这个有点神秘的高级娱乐场所,今天适逢举行旗袍展,我们进去在大厅里观光一番,偶遇一群时尚的中老年女士,在那里摆姿势留影,也是一道风景。晚上,上海财经大学资深教授吴方卫及部分校友在广东路世贸大厦设宴相聚,适逢我生日在即,顾海英教授还带来蛋糕,大家一起在上海提前为我庆生,对这份心意,我表示衷心的感谢!
(2020.11.3.上海百乐门酒店)

2020年11月4日,下午应复旦大学经济学院教授万广华之邀,与经济学院师生座谈交流,并共进晚餐,席间漫谈学术,纵论时事,气氛轻松,思想活跃。大家认为,中国扶贫工作的伟大成就和抗疫的成功表现,为中国经济进一步的健康发展创造了良好的条件。上海防疫真严,进大学校园要特批,万广华教授邀我晚上小聚,我提出可否在校园里转一下,万教授向校方请示获得同意后才作出肯定的答复。
(2020.11.5.上海百乐门酒店)

上海街头点滴:怀旧与新潮。淮海中路,曾经是"霞飞路""林森路",现在依然引领时尚;著名的"红房子西餐厅"已装饰一新;"哈尔滨食品厂"的西点闻名全国,现在很多人在排队购买;国泰电影院风采依然;坐落在愚园路上的老上海最大的社区之一"愚谷村"已经焕发新貌。新潮的街景也随处可见,现代化的大商场、时尚的装饰、咖啡馆和各种风情小店遍布街头,这就是今日的上海!(2020.11.6.上海百乐门酒店)

2020年11月6日摄于上海

昨晚,中国国际进口博览会的灯光秀,让黄浦江两岸沸腾了,一个神奇梦幻的外滩,欢乐祥和的外滩,五彩缤纷的外滩,令人如痴如醉,不忍归去。我在大妹和外甥的陪伴下,驱车来到江边尽情欣赏了这一壮丽的美景,还品尝了杏花楼的美食,留下了此生最美好的记忆!(2020.11.7.上海百乐门酒店)

再见了,上海! 这是一次怀旧之旅、访亲之旅、观光之旅,八天之行,深深地留在记忆中,对于已经高龄的我,值得倍加珍惜!(2020.11.7.沪宁高铁)

千秋村生气勃勃

我们住在宁国千秋村农家乐好几天了,得以近距离观察农村和农民,这里几乎家家是旅馆,户户开商店,乡土特产、草鸡山珍,一应俱全,一片繁荣景象。同时,我们也加深了对安徽人的了解和印象,那就是机灵和质朴同在,传统和开放并存,还有善于经商的头脑和敦厚善良的家风。(2019.7.11.千秋村)

再见了宁国,再见了千秋畲族村! 再见了千秋关、大裂谷、九天飞瀑和中华耕织园! 相逢是首歌,真情你和我! 南农大部分退休人员及家属 70 多人赴安徽宁国度过了五天的休闲时光,顺利返程! 谢谢这次活动的组织者高宏老师和导游,以及接待我们的"君悦来农庄"主人,他们的精心安排和热情服务,使我们的休闲旅游活动十分完满。(2019.7.12.千秋村)

芭蕾舞剧《天鹅湖》

江苏大剧院隆重上演俄罗斯芭蕾舞剧《天鹅湖》。演员们的精湛技艺获得观众经久不息的掌声。俄罗斯芭蕾舞团名扬天下,《天鹅湖》更是经典之作,整场三个多小时的演出,我们享受了一次艺术大餐。观众如梦如痴,沉浸在动人的音乐中,尽情欣赏着美妙绝伦的舞姿,此生足矣!(2018.11.24)

戏剧盛宴《恋爱的犀牛》

一场戏剧盛宴——《恋爱的犀牛》昨晚在保利大剧院上演。突破性的表演方式、崭新的叙事风格、诗一样的犀利语言，以及全体演员的倾情投入，赋予话剧一个崭新的形态。感人至深，发人深省，我的视线几乎没有离开过舞台。这是一次令人难忘的艺术享受，是话剧艺术的重大发展。（2019.8.16.南京）

音乐剧《巴黎圣母院》

昨晚，保利大剧院沸腾了！法语原版音乐剧《巴黎圣母院》隆重上演，精湛的演技令人赞叹。爱斯梅拉达的美丽、卡西莫多的善良、神父的阴暗和卫队长的绝情，表现得淋漓尽致。优美的曲调时而高亢，时而温柔，特别是优美的咏叹调，令人陶醉。最感人的是谢幕时观众如痴如醉，暴风雨的掌声经久不息，这时主要演员站到台前动情地唱起了主题歌《大教堂时代》，没想到台下不少观众也用法语一起歌唱。此情此景，如此热情而有礼貌的南京观众，不仅给这些来华演出的歌唱家，也给我这个"老南京"留下难忘的印象！（2019.11.25）

参观南京博物院

南京博物院的馆藏设计别具匠心，充满艺术、时代气息和浪漫情怀！特别是数字馆展室的内容和表述，颇有启迪，引人入胜。在"因你永恒"的标题下，分设"岁月如歌""开启文明""热血青年""因为爱情""超凡入圣""笔下生花""意气风发""生命乐园"等24个展室。"超凡入圣"的释义是："文人因其渊博的知识和卓越的修为自成独立的阶层"。"生命乐园"的意义是："叶嫩花初的少年，是生命的延续，文明的未来"，颇具文采，令人感怀！（2019.7.20.卫岗）

张苏秋、王夏歌新婚之喜祝词

昨晚应邀参加一场婚礼，新人都是博士，才貌双全，真是天造地设的美满姻缘。特拟祝词：美景良辰，笑看新时代佳人才子；盛会喜筵，共祝大学城伉俪情深。（2018.5.20）

最美家乡水，最亲故乡人

昨日远在家乡射阳的侄儿顾维超来访，他在南京医科大学读研的儿子，以及已在南京工作的外甥女也来一起相聚，相谈甚欢。维超长期在中学任教，在当地还是一位颇有名气的画家，如今他的公子又成才在望，令人欣喜！此次他还带来了我小时最喜欢吃的米饭饼，令人感动，昨晚就品尝了！（2020.9.6.和园）

2020 年 9 月 6 日摄于和园

小园香径独徘徊

仙林南京大学和园中央区有一精致的小公园，面积不大，但也有小桥流水，亭台花榭，曲径通幽。抗疫以来，我几乎每天都去"放风"，如今虽然已经春色满园，但往日的健舞者、练操者、谈心者、遛狗者，均已不见。多数情况下唯我独步徘徊，偶见戴口罩的行人匆匆而过，于是我有时干脆摘下口罩，自由呼吸，或者练练自编的"自由操"，但总觉得我一个人享受如此宽广的自然空间，有点浪费资源，奈何？（2020.2.15.和园）

黄昏

紫东湖畔的黄昏，真美！落日像一个巨大的火球，在远方坠落，水面上的倒影显得有些迷茫。尚未褪去绿色的垂柳,在晚风中摇曳。华灯初上,圣诞树亮了,旋转木马也放出异彩,孩子们笑了,寂静的湖面似乎有了活跃的气氛……(2020.12.15.仙林)

小猫叼鱼之谜——凡事不能想当然

"小猫又来叼鱼了!"孙女果果使劲地喊着,果然一只大黄猫正在院中徘徊。前些时候,小院中的鱼池少了两条色彩斑斓的金鲤,又见大黄猫常在池边转悠,果果认为鱼肯定被猫叼走了。难道童话故事里的小猫钓鱼是真的吗? 毛茸茸的猫尾巴真能作钓饵吗? 直到有一天清晨,我们发现又有一条红鲤鱼蹦出水面,落在岸边,于是真相大白。原来,鱼是自己跳上来的,这送上门的美餐,猫当然要享受。请教有经验的人士得知,当天气骤然变化或池水缺氧时,鱼会感到烦躁跃出水面,怪不得大黄猫近日每天早上都来巡视,还想守株待兔。于是,我们降低了池中的水位,加大了循环水的流量和流速,增加供氧,从此再未发生小猫叼鱼之事,尽管猫还是经常来转悠。(2019.2.14.和园)

一张糖果纸背后的无解难题

中午小孙女来到我们房间,喊着要糖吃,我们说没有,她拿起小柜上的一张糖果纸笑着说:"我早就看到了。"我望着她那张充满希望又失望的笑脸,真不知道如何回答。我们知道她最喜欢吃糖,但是她父母担心她牙齿被腐蚀不让她吃糖,我们也赞同,但看着孩子对糖块渴望的样子,又不忍心,这真是一个无解的难题。(2020.4.8.和园)

果果在思考

看来儿童在 3 岁到 4 岁阶段,情感在不断丰富,思维水平在不断提高。有一次,果果对奶奶说:"爸爸上班了,妈妈不在家,爷爷去拿报纸了,就我们两个人在家,好可怜啊!"这是一种直觉的反应式的形象思维,人多了,高兴;人少了,沮丧。另一次,爸爸出差回来问她,有没有想爸爸,她回答说:"你回来就好!"她没有简单地回答想与不想,却包含着无奈和期待以及高兴等许多复杂的情感和信息,是一种间接的推理的抽象思维。仔细观察儿童思维的变化,对于正确的施教是有帮助的。(2021.1.8.和园)

果果的课堂作业

奶奶生日快乐

冬日里,暖阳下,相约钟山之南;家庭团聚,亲友相逢,共度欢乐时光,这是人生最大的慰藉。一声"奶奶生日快乐",激起了心中无限的喜悦,穿越人生 80 载,而今迈入新时代,幸甚,足矣!(2020.12.14.卫岗)

摄于 2020 年 12 月 14 日

夕阳无限好，只是近黄昏

这是前不久在扬州瘦西湖拍摄的一张照片，我佩服扬州大学秦宗财教授和胡亮教授两位艺术家的眼光，他们没有选择瘦西湖的五亭桥或者望月亭等著名景点，而是选择了绿阴深处夕照下的长椅，此情此景，很适合我们的年龄和心情。80多年来，我们经历过战争年代的颠沛流离、时代变迁的疾风骤雨，从改革开放后就过上了安定祥和的生活。如今虽然夕阳无限好，毕竟已是近黄昏。这使我想起英国经典影片《简爱》中的最后一个镜头：两个老人在绿阴下、长椅上，安详地坐着回忆往事，十分感人！人生就是如此，没有人能青春永驻，也毋需感慨，还是向前看，过好每一天！
（2021.4.13.卫岗）

2021年3月27日摄于扬州瘦西湖

附录

一、顾焕章诗词选编

1. 浪淘沙·农经百年

2016 年 10 月 26 日

农经百年,感慨万千,尤其是中国第一个农经系创始人卜凯及其与夫人赛珍珠的佳话[①],更令人感动,董维春教授的诗作(附后)反映了大家的心声,现步其韵和一首如下。

溯源双宿愿,筑梦钟山。

夫唱妇和育才俊。

经世济民谱新篇,金陵梦圆。

旧貌已新颜,时过境迁。

华夏无处不春风。

英才辈出花更艳,农经百年。

---

① 2010 年 10 月 20 日,南京农业大学举行"中国农业经济研究生教育 80 周年纪念座谈会"。卜凯(John Lossing Buck,1890—1975)毕业于康奈尔大学农经专业,1915 年来到金陵大学从事农业推广和农业经济研究,1921 年创办了中国大学第一个农经系并任系主任,著有《中国农家经济》和《中国土地利用》。1915 年卜凯与赛珍珠(Pearl S. Buck,1892—1973)在庐山牯岭相识,1917 年两人结婚,同在金陵大学任教和到安徽宿州开展农村调查。赛珍珠以安徽农村调查题材出版的小说《大地》(The Gold Earth)获得 1938 年诺贝尔文学奖,谱写了一段大学与大地的传奇佳话。

附:浪淘沙·百年农经

2016 年 10 月 20 日

董维春

衔尾两飞燕,绮梦金陵。

宿州挽手访村民。

大地大学结伉俪,牯岭烟连。

往事已如烟,沧海桑田。

神州处处小康延。

满眼春风今又是,后浪更前。

2. 执教五十年感怀

　　1960年我在南农农经系毕业留校任教,指导本科生数以千计,硕士、博士研究生百余,2013年最后一个博士生通过论文答辩,教学工作划上了一个句号,匆匆已五十余载矣,赋诗一首。

> 五十年来是耶非,
> 人生系得几安危。
> 历经沧桑逢盛世,
> 冬去春来又一年。
> 人生易老天难老,
> 岁月无情人有情。
> 春风桃李花千树,
> 郁郁钟山夕照明。

3. 贺 2019 年"江苏文化产业新年论坛"成功举行

2019 年 1 月 26 日

　　2019年1月26日,艳阳高照,牛首山下,群贤毕至,江苏文化产业界有关政府官员、学界翘楚、企业精英济济一堂,共商江苏文化产业发展大计,并举行了优秀成果、优秀品牌和产业融合创新三项大奖的颁奖仪式,会议取得圆满成功! 我应邀出席,见到了许多老友新朋,十分高兴,并得小诗一首。

> 牛首开颜迎盛会,
> 佛光普照贺新年。
> 金陵才俊尽荟萃,
> 文化昌盛更无前。

4. 游秦淮河

2016 年 10 月 27 日

读夏福林兄游秦淮诗有感,步其韵和诗一首。

白雾茫茫金陵树,
轻舟画中游。
古韵今风诗篇,
丹心情自留。
文昌明,秦淮清,八艳秀,
朱雀桥边,白露洲头,万物更欢。

附:诉衷情——雨中游秦淮河

夏福林

2016 年 10 月 26 日

烟雨空蒙秦淮柳,
画舫雨中走。
水渲墨染画卷,
天工巧挥就。
六朝韵,文枢首,贡院秀,
乌衣巷里,桃叶渡口,十里风流!

5. 鹧鸪天·扬州行

2016 年 9 月 24 日

步夏福林兄之韵，和诗一首。

一别扬州三十春，
魂牵梦萦广陵人。
荷花池畔人未老，
笑语飞歌在宋城。
忆往事，唱新声，
欢天喜地画中行。
金凤十里文昌路，
鸟语花香满园春。

附：鹧鸪天·扬州行

夏福林

2016 年 9 月 24 日

霓裳霞衣何方神？
潇洒风流不老人。
歌飞广陵春秋树，
舞越宋城古今门。
喜盛世，情亦振，
锦天绣地画中身。
二十四桥金凤爽，
桂花飘香满乾坤。

6. 采桑子

2017 年 5 月 15 日

　　江苏省三泰地区,历史悠久,人文荟萃,源远流长,2017 年初夏,年逾八旬的我偕同董维春教授一行赴泰调研,考察泰州农牧科技职业学院,并造访梅园、新四军部、板桥故居等先贤先烈遗址,感慨系之,同行董教授赋诗一首,余和之。

江畔垂杨夏日短,菊秀兰芗。

菊秀兰芗,正大同昌商贾旺。

硕儒兴学明心志,经院贻芳。

经院贻芳,诗礼传家万世扬。

附:采桑子·初夏陪顾先生访泰州

董维春

湖滨絮柳春归早,竹影梅香。

竹影梅香,裕泰丰和稼穑忙。

耄耋矍铄携年少,曲水流觞。

曲水流觞,却顾黉门德润长。①

---

　　① 竹影指郑板桥(1693—1765,泰州兴化人)竹画,梅香指梅兰芳(1894—1961,祖籍泰州)京剧,黉门为古时对学校的称谓。我于 1996—2000 年师从顾先生攻读农业经济管理学博士学位。泛舟凤城河观岸柳飞絮,造访泰州梅兰芳纪念馆,寻踪兴化郑板桥故居,参观泰兴裕泰和号老店。

7. 如梦令·雨中登紫峰大厦
——答夏福林老师

2016 年 10 月 26 日

云绕紫峰佳境，
群贤驾雾登临。
何方众仙姝，
千姿百态留影。
高兴，高兴，
笑语欢歌入云。

附：如梦令·登紫峰大厦

夏福林

2016 年 10 月 26 日

深秋雨中漫游，
独上凌云高楼。
江山风雨急，
尽洗尘霾污垢。
莫愁，莫愁，
明日天锦地秀！

8. 忆 扬 州

1971年南农整体搬迁扬州,至今已半个世纪了,在扬州八年,也留下了许多美好的回忆!

> 春风十里扬州路,
> 又到烟花三月时。
> 悠悠岁月五十载,
> 梦回广陵忆故人!

9. 冬日西湖剪影

2017 年 11 月 20 日

初冬的西湖,有些寒意,但风和日丽,秋华烂漫,薄雾轻起,远山空蒙,残荷在水中摇曳,行舟如在云中,岸边游人如织,风景绮丽如画,令人流连忘返! 得小诗一首。

> 船在云上走,
> 人在画中游,
> 青山含粉黛,
> 碧水映残荷。

10. 和园小憩

2018 年 5 月 13 日

夏日小院，绿满庭前；
看墙花小草，生意盎然；
观云卷云舒，神游天际；
静坐西篱下，
悠然见东山，
又得浮生一日闲。

11. 仙林美雪

2020 年 12 月 30 日

玉龙飞罢遍地银，
粉粧玉砌美仙林。
童孙未解天公意，
笑问雪母①何处寻。

───────

① 雪母：出自《格林童话》，天公作美，慈祥的"雪母婆婆"在冬天里为人间制作雪花。

12. 吴哥行

2012年岁末,随团赴柬埔寨参访吴哥王朝遗址,并观赏了启示现代文明的歌舞《高棉的微笑》,颇多感慨。吴哥遗址虽经千年风雨,仍岿然屹立,气势恢宏,但周边四野仍然停留在农耕社会,不过,在城镇及其附近正在发生变化,已经开始了现代文明的进程。有感于此,当时得小诗一首。

吴哥王朝,遗址犹存,
岿然屹立,石破天惊。
辉煌不再,止步农耕,
风雨千年,营营众生。
高棉微笑,重塑文明,
春潮涌动,月异日新。

13. 澳门行有感

2019年2月18日

澳门回归20年之际,余及家人于新春佳节来此度假,见新楼林立,市井繁华,入夜花灯流彩,金碧辉煌,娱乐场所人如潮涌,一派兴旺景象,令人欣喜。然而静思之,澳门的繁荣主要依赖于博彩业这个"无烟工厂",能否保证澳门经济的永续发展,未免有几分担心,但愿这只是杞人忧天。有感于此,得小诗一首。

游子归来二十年,
流金溢彩不夜天。
博彩兴隆人欢笑,
繁华永续在"无烟"!

14. 深圳行有感二则

2014 年 9 月 1 日

其一：1984 年第一次去深圳已 30 年过去，如今深圳山河巨变，百里长街高楼林立，一派现代化都市景象。

> 三十年来弹指间，
> 春风吹暖深圳湾，
> 百里长街人欢笑，
> 山乡巨变展新颜。

其二：此次深圳行与众多校友相聚甚欢，看到他们的成长与成功，感到由衷喜悦！

> 紫金山下新芽发，
> 南国海疆花正艳。
> 四海为家志高远，
> 又见英雄下夕烟。

15. 春天的故事，他们就是主角

——深圳校友赞

　　2019 年 2 月 20 日，我参加了南农农经系（经管学院）在深圳的部分校友聚会，他们大都是 20 世纪八九十年代来深圳创业的，现在都是事业上的成功人士，我感到十分高兴和钦佩，写下一段感言。

> 他们与改革的脚步同行，
> 他们在开放的春风中成长，
> 他们经过数十年的打拼，
> 已经从无产者成为有产者，
> 从青涩少年成长为社会的精英，
> 他们是市场经济大潮的弄潮儿，
> 他们是新兴城市建设的先行者，
> 岁月的风霜印在他们的脸上，
> 成功的喜悦留在他们的心中，
> 他们还在书写春天的故事，
> 亟需演绎新的春天，
> 他们每个人也都有一个故事。

16. 重游钟山有感

2013 年 11 月

　　日前故人来访,同游钟山,观十朝展馆,览东郊名胜,追忆往事,谈古论今。深感岁月蹉跎,物是人非,惟自然永恒,真情永在!

往事如梦如烟,
岁月亦真亦幻。
六朝繁华今何在,
惟见,
蒋山①青,秦淮碧。

生活如云如水,
人生亦是亦非。
功名利禄终虚化,
惟有,
真情在,情不灭。

---

① 蒋山:钟山古称。

二、顾焕章论著论文目录

1. 主要著作

[1] 顾焕章,章宗礼. 谈谈发展国民经济总方针[M]. 江苏人民出版社,1978.

[2] 顾焕章. 农业现代化问题[M]. 江苏人民出版社,1980.

[3] 万泽璋,顾焕章,张景顺. 农业技术经济基础[M]. 辽宁人民出版社,1985.

[4] 顾焕章,张景顺. 农业技术经济学[M]. 中国金融出版社,1988.

[5] 顾焕章,蒋琳. 股份经济概论[M]. 江苏科学技术出版社,1990.

[6] 顾焕章.农业技术经济学[M].农业出版社,1993.

[7] 顾焕章.乡镇企业外向型经营指南[M]. 中国农业科技出版社,1993.

[8] 顾焕章,朱希刚,张景顺等. 技术进步与农业发展[M]. 江苏科学技术出版社,1993.

[9] 顾焕章. 江南农村经济[M]. 江苏人民出版社,1995.

[10] 顾焕章,张景顺,储保金. 技术经济学概论[M].中国农业科技出版社,1995.

[11] 顾焕章,张景顺,宋祖琪等. 技术作价与资产评估[M].人民日报出版社,1995.

[12] 顾焕章,张超超. 中国农业现代化研究[M].中国农业科技出版社,1998.

[13] 顾焕章. 科技进步、现代化与农业发展：顾焕章先生文集[M]. 河海大学出版社,1999.

[14] 顾焕章,张超超. 中国农业发展之研究[M]. 中国农业科技出版社,2000.

[15] 顾焕章. 农业技术经济学(第二版)[M].中国农业出版社,2001.

[16] 顾焕章,吴沛良. 中国农业宏观管理与政策研究[M]. 中国农业科技出版社,2004.

[17] 顾焕章. 江苏社科名家文库·顾焕章卷[M].江苏人民出版社,2015.

2. 主要论文

[1] 顾焕章.关于统计学的研究对象[J]. 江海学刊,1962(10):12-15.

[2] 顾焕章,张周莱,赵廷俊.建林生产大队发展多种经营调查[J].中国经济问题,1965(02):26-29.

[3] 顾焕章.现代科学技术是强大的生产力——学习马克思《机器、自然力和科学的应用》[J].工农兵评论,1978(04):12-15.

[4] 顾焕章.加速农业现代化,促进农业高速发展[J].工农兵评论,1978(09):7-10.

[5] 刘崧生,郭宗海,顾焕章.农业现代化与农业经济管理[J].南京农学院学报,1980(01):151-155.

[6] 顾焕章,张景顺.太湖地区耕作制度经济效果初探[J].1981(01):23-30.

[7] 顾焕章,张景顺.江苏省太湖地区昆山县三熟制比例经济适合点问题的探讨[J].南京农学院学报,1981(03):90-98.

[8] 顾焕章,张景顺.徐淮地区施肥经济效益探讨[J].农业技术经济,1982(02):9-14.

[9] 顾焕章,张景顺.试论太湖地区"双三制"的增产效果[J].农业技术经济,1982(04):38-41.

[10] 刘崧生,顾焕章.经济发达地区农业生产责任制形式的发展与农村建设方向问题初探[J].南京农学院学报,1983(02):107-115.

[11] 张景顺,顾焕章.关于农业生产经济效果评价的几个问题[J].南京农学院学报,1983(02):116-119.

[12] 顾焕章,张景顺.太湖地区农业的发展方向[J].农业经济问题,1983(09):31-33+39.

[13] 顾焕章,张景顺.徐淮地区粮食生产经济效益探讨[J].农业技术经济,1983(09):21-23.

[14] 顾焕章,陈志渊.投入产出合理阶段分析的一个补充条件[J].南京农学院学报,1983(04):92.

[15] 顾焕章,陈志渊.投入产出合理阶段分析的一个附加条件[J].农业技术经济,1984(02):32-34.

[16] 顾焕章.坚持研究对象与方法的统一——关于技术经济学科建设的一个重要问题[J].农业技术经济,1984(10):41-43.

[17] 顾焕章.农业生产函数[J].新疆农业科技,1985(02):30-38.

[18] 顾焕章,李岳云.南京市蔬菜购销形式的演变、评价和展望[J].江苏商论,1986(S2):35-37.

[19] 顾焕章.略论农业技术经济学科的性质和特点[J].农业技术经济,1987(01):5-6.

[20] 顾焕章.谈谈农村经济改革中的几个问题——顾焕章同志的发言[J].江苏社联通讯,1987(02):27-30.

[21] 顾焕章.我国经济生活中有碍竞争的因素[J].农业经济问题,1987(03):51-53.

［22］顾焕章.当前农村经济改革中的几个问题[J].中国农村经济,1987(09):31-33.

［23］刘崧生,顾焕章,王荣.中国农业的技术改造[J].中国农村经济,1987(10):39-43.

［24］顾焕章.农业技术经济评价和选优方法[J].农业技术经济,1988(01):60-62.

［25］顾焕章,方成.沿海开放地区发展外向型农业的矛盾与对策[J].中国农村经济,1988(05):5-10.

［26］顾焕章,陆一香,方成.创汇农业的历史地位与发展策略初探[J].农业经济问题,1988(08):29-32+2.

［27］刘葆金,顾焕章.将农学类农业经济及管理专业改为一级学科的想法[J].农业经济问题,1988(11):49-51.

［28］顾焕章,张景顺,宋俊东,褚保金.中国农业增长的源泉与技术进步[J].农业技术经济,1991(01):1-8.

［29］顾焕章,张景顺,许小松,张文年.南京市副食品生产和供应的技术经济研究[J].农业技术经济,1991(01):53-59.

［30］陈吉元,刘志澄,蒋建平,卢文,余国耀,周诚,王贵宸,陈家骥,顾焕章,温思美."深化农村改革,实现农村经济、社会持续、稳定、协调发展"笔谈[J].中国农村经济,1991(01):3-22.

［31］顾焕章,蒋琳.试论社会主义股份经济[J].南京社会科学,1991(03):39-43.

［32］顾焕章,方成,陆一香.沿海地区外向型农业的发展及对策[J].南京农业大学学报,1991(04):109-115.

［33］顾焕章,曲福田,周曙东,刘营军.江苏省旅游资源开发利用与发展战略[J].江苏社会科学,1992(03):131-136.

［34］顾焕章,顾海英.粮食批发市场是实现粮食商品化的重要条件[J].农业经济问题,1992(05):14-18.

［35］顾焕章,顾海英.关贸总协定与我国农村经济结构的调整

[J].农业经济问题,1993(03):23-28.

[36] 顾焕章,顾江,张金华.提高技术进步含量,促进农业持续发展[J].江苏经济探讨,1994(05):9-11.

[37] 顾焕章,张景顺,王培志,程政.农业科研投资重点确定的经济模型研究[J].南京农业大学学报,1994(02):93-104.

[38] 顾焕章,李岳云,钟甫宁.人民币汇率并轨对中国农业对外贸易及农业利用外资的影响分析与对策建议[J].南京农业大学学报,1994(03):95-101.

[39] 顾焕章,王培志.农业技术进步对农业经济增长贡献的定量研究[J].农业技术经济,1994(05):11-15.

[40] 顾焕章,王培志.农业技术进步贡献率测定及其方法研究[J].江苏社会科学,1994(06):7-11.

[41] 王培志,顾焕章.政府·市场·农民——市场经济条件下农业发展中的政府行为研究[J].农业经济问题,1994(12):2-5.

[42] 顾焕章,王培志,许朗.农村股份合作经济中集体资产管理[J].南京社会科学,1995(01):64-69.

[43] 顾焕章,王曾金,许朗.建立粮食供求预警系统 稳定我国的粮食生产和市场[J].农业经济问题,1995(02):23-26.

[44] 夏恩君,顾焕章.构建我国农业技术创新的动力机制[J].农业经济问题,1995(11):42-45.

[45] 顾焕章,夏恩君.科技有效需求与农业科技体制改革[J].南京农业大学学报,1995(04):98-102.

[46] 顾焕章,张景顺.我国农业科技利用的现状分析及对策[J].农业技术经济,1995(06):10-13+41.

[47] 顾焕章,王培志,潘宪生.趋势、挑战、战略——中国农业发展前景展望[J].江苏社会科学,1996(01):13-18.

[48] 顾焕章,顾江.中国通货膨胀形成机理与实证分析[J].江海学刊,1996(02):17-23.

［49］顾焕章.日本农苏的组织及功能［J］.江苏农村经济,1996 (09):25-27.

［50］顾焕章,王培志.论农业现代化的涵义及其发展［J］.江苏社会科学,1997(01):30-35.

［51］顾焕章.我国农业现代化进程中的十大关系［J］.经济研究参考,1997(85):33-34.

［52］顾焕章,张景顺.完善农业科技成果转化的供求机制［J］.农业技术经济,1997(02):22-23+37.

［53］顾焕章.对中国农村经济研究若干问题的认识［J］.农业经济问题,1997(05):40-42.

［54］顾焕章.论我国农业现代化进程中的十大关系［J］.瞭望新闻周刊,1997(24):38-40.

［55］顾焕章.面临世纪挑战的中国农业［J］.紫光阁,1997 (07):22-23.

［56］顾焕章.论面向21世纪我国农业现代化进程中的十大关系［J］.中国科技论坛,1997(05):29-32.

［57］顾焕章.21世纪我国农业现代化进程中的十大关系［J］.决策探索,1997(11):8-10.

［58］顾焕章,吴方卫.农业产业化经营与农民组织化［J］.燧石,1997(06):34-36.

［59］顾焕章,彭纪生,潘宪生.论大企业集团发展与战略管理［J］.江苏经济探讨,1998(02):3-6+21.

［60］顾焕章,刘国平.正确处理物质投入与科技投入的关系 加速我国农业现代化进程［J］.燧石,1998(03):16-19.

［61］顾焕章,常向阳.我国技术市场政策法规评析［J］.农业技术经济,1999(01):18-21+26.

［62］顾焕章,刘红明.关于依靠科技进步推进中国农业产业化的探讨［J］.南京农业大学学报,2000(01):97-100.

[63] 顾焕章,周曙东.农业经济分析模型的理论与方法[J].农业技术经济,2000(02):1-5.

[64] 吴林海,顾焕章,张景顺.增长极理论简析[J].江海学刊,2000(02):31-33.

[65] 顾焕章.技术创新和经济增长[J].现代管理科学,2000(02):4-5.

[66] 吴方卫,顾焕章.农业经营制度变革与农业生产率变动分析[J].南京农业大学学报,2000(02):105-108.

[67] 孙杭生,顾焕章.中国粮食保护价政策的形成与变化[J].价格理论与实践,2000(07):30-32.

[68] 刘惠英,顾焕章.江苏农民消费结构分析[J].中国农村观察,2000(05):2-8+80.

[69] 顾焕章.构建技术市场的理论框架[N].光明日报,2000-10-26(C02).

[70] 孟令杰,顾焕章.度量生产率变化的非参数方法[J].数量经济技术经济研究,2001(02):48-51.

[71] 顾焕章.一部再现江苏农民伟大创造的志书——评《江苏省志·乡镇工业志》[J].现代经济探讨,2001(03):62.

[72] 顾焕章.可持续发展理论的经济学诠释[N].光明日报,2001-05-31(C02).

[73] 顾焕章.江苏现代化农业发展中的三个创新[J].现代经济探讨,2001(06):18-22.

[74] 顾焕章.推进农村经济结构调整的有益探索——读《中国农村经济结构战略性调整》有感[J].农业经济问题,2001(12):58-59.

[75] 孙杭生,顾焕章.我国粮食收购保护价政策及定价机制研究[J].南京农业大学学报(社会科学版),2002(01):11-17.

[76] 顾焕章.为了永久的纪念——追忆农业经济学家刘崧生先生[J].江苏农村经济,2002(08):34-35.

[77] 顾焕章.评《可持续发展经济学》[J].经济理论与经济管理, 2002(07):74.

[78] 孟令杰,顾焕章.中国农业总要素生产率的增长及其构成分析[A].中国农业技术经济研究会.提高我国农产品竞争力思路与对策——中国农业技术经济研究会第七次代表大会暨学术研讨会论文集[C].北京:气象出版社,2002:364-370.

[79] 顾焕章,顾海,徐怀伏.要素流转制度创新与农业现代化[J].江苏社会科学,2002(05):1-5.

[80] 沈贵银,顾焕章.农业推广服务的公共物品属性分析[J].农业经济问题,2002(12):30-34.

[81] 董维春,顾焕章.江苏区域经济增长非均衡的动态分析——对"威廉姆森法则"的验证[J].现代经济探讨,2002(11):19-22.

[82] 孙杭生,顾焕章.运用西方经济学原理试析我国计划经济时期的粮价政策[J].南京农业大学学报(社会科学版),2003(01):25-29.

[83] 顾焕章,马晓河.新世纪农业发展的战略思路与农业政策调整[J].江苏行政学院学报,2003(02):43-49.

[84] 董维春,顾焕章.江苏省区域经济发展水平的静态评判[J].系统工程理论与实践,2003(10):108-114.

[85] 顾焕章.阐发中国企业核心竞争力的力作——解读《中国企业在跨国经营中的核心竞争能力》[J].现代经济探讨,2003(10):70.

[86] 王秦,顾焕章.农业科学研究的经济学性质与分类问题探析[J].南京农业大学学报(社会科学版),2003(04):1-7.

[87] 顾焕章.推荐《农业结构调整的研究》[J].江南论坛,2004(02):49-50.

[88] 王秦,顾焕章.非市场条件下农业技术的诱导创新模型——以江苏水稻品种改良为例[J].南京农业大学学报,2004(02):109-113.

[89] 顾焕章,周曙东.新时期促进农村经济发展的十大对策[J].农业经济问题,2004(12):25-28.

[90] 徐怀伏,顾焕章.技术创新溢出的经济学分析[J].南京农业大学学报(社会科学版),2005(03):44-47+53.

[91] 顾焕章,罗时龙.江苏服务业发展研究[J].江苏社会科学,2006(02):213-219.

[92] 李太平,钟甫宁,顾焕章.衡量产业区域集聚程度的简便方法及其比较[J].统计研究,2007(11):64-68.

[93] 顾焕章.农业文化的新动向[J].江苏农村经济,2009(05):1.

[94] 顾焕章.农业与中国文化发展的互动效应及深远意义[J].现代经济探讨,2009(05):5-9.

[95] 顾焕章.农业现代化进程中的技术选择[J].江苏农村经济,2009(09):20-21.

[96] 顾焕章.探究耕地保护新机制[N].中国国土资源报,2012-05-30(007).

[97] 顾焕章,汪泉,高莉莉.科技金融创新的制度取向与实践模式[J].江海学刊,2013(03):73-78+238-239.

[98] 顾焕章,汪泉,吴建军.信贷资金支持科技型企业的路径分析与江苏实践[J].金融研究,2013(06):173-178.

[99] 顾焕章.资源节约型环境友好型农业产业体系的新探索——评周曙东著《资源节约型环境友好型农业产业体系研究》[J].现代经济探讨,2016(03):92.

[100] 顾焕章.我国生鲜农产品流通渠道的优化研究[J].农业经济问题,2021(01):144.

三、顾焕章简介

顾焕章,1934年生,江苏省阜宁县人,农业经济学家,南京农业大学经济管理学院教授、博导。1960年以各门全优的成绩毕业于南京农学院农业经济管理专业并留校任教,长期从事中国农业技术经济的教学与科研工作。曾任南京农业大学农经系系主任,南京农业大学农业经济与贸易学院副院长和农业经济研究所所长。兼任国务院学位委员会农林经济管理学科评议组第一召集人,全国高等农业院校教学指导委员会委员、农经组副组长,教育部全国重点学科评委会管理学评审组副组长,教育部全国优秀博士论文评委会管理学组成员,中国农业经济学会副会长,中国农业技术经济学会副会长,全国博士后管理委员会经济学与管理学专家组成员,农业部科学技术委员会委员、农经组组长,农业部农业发展战略研究中心研究员,中国农业专家咨询团成员,江苏省农业经济学会会长,江苏省社会科学联合会副主席,《江苏农村经济》主编等职务。1985年被评为农牧渔业部部属高校优秀教师,1988被农业部授予"有突出贡献的中青年专家"称号,1991年享受国务院颁发的政府特殊津贴,1998年荣获"中华农业科教奖",2013年入选首届十大"江苏社科名家",2018年被中国农业技术经济学会授予"中国农业技术经济研究终身成就奖"。

顾焕章主要讲授"统计学原理""农业统计学""农业经济调查""农业技术经济学""股份经济概论"和"农业经济理论"等课程。培养博士生65人,硕士生35人,博士后6人,所指导的博士生蒋乃华(与李岳云教授合作指导)、常向阳获得2000年和2001年全国优秀博士学位论文。作为农业经济学科的带头人,致力于学科建设,所在的农经学科于 1984 年、2001 年被评为国家教委(后改为"教育部")国家重点学科,1995 年被评为"江苏省优秀学科带头人"。

作为中国农业技术经济学的开创者之一,顾焕章率先将西方先进的数量经济分析应用到农业技术经济研究中,为推进农业技术经济学的发展做出了贡献。他长期从事农业的技术进步和种植业的协调发展、以技术进步推进农业增长方式转变、提高农业系统的整体效率和农业现代化等农业宏观管理的问题研究。先后主持了农业部"七五""八五"和"九五"等重点课题 20 余项,发表学术论文 120 余篇,撰写和主编专著、教材 20 余部,获国家级教学成果奖和部省级科技进步奖等 20 余项。其中,论文《太湖地区耕作制度经济效果初探》在1985 年获得江苏省哲学社会科学优秀成果二等奖,这是国内较早运用边际分析与生产函数相结合的经济分析方法研究解决耕作制度经济效果问题的论文,为江苏农业种植制度"三改二"的政府决策提供了理论和实证依据;主编的教材《农业技术经济学》获得 1997 年国家级优秀教学成果二等奖;主持的课题"中国城郊副食品生产和供应的技术经济研究"获得 1991 年农业部科技进步二等奖;"技术进步与种植业协调发展研究"获得 1992 年农业部科技进步二等奖;著作《江南农村经济》在 1999 年获农业部科技进步三等奖。

顾焕章一身情系农民、研究农村、关爱农业,不唯官、不唯上、只唯实。一生教书育人、桃李芬芳,许多农经大家是他的学生。他品德高尚、治学严谨、为人坦诚,赢得了学术界、社会各界的一致赞誉和广泛尊重。其言其行,影响着一代代农经人。

四、顾焕章大事年表

1934 年 11 月 11 日　出生于江苏省阜宁县蔡桥镇

1941 年 9 月—1947 年 7 月　在阜宁邹家河小学、上海培真小学读书

1947 年 9 月—1949 年 7 月　在上海浦江中学、上青中学读书

1949 年 7 月—1956 年 8 月　在上海松江专区农林科工作

1955 年 4 月—1956 年 7 月　在上海松江中学高考补习班学习

1956 年 6 月　加入中国共产主义青年团

1956 年 9 月—1960 年 8 月　南京农学院农业经济系本科生

1960 年 8 月　南京农学院农经系助教

1979 年 8 月　南京农学院农经系讲师

1985 年 2 月　由费仕良、张景顺介绍加入中国共产党

1986 年 4 月　南京农业大学农经系副教授

1988 年 12 月　南京农业大学农经系教授

1990 年　博士生导师

1984 年 1 月—1989 年 9 月　南京农学院（1984 年改名为南京农业大学）农经系主任

1989 年 9 月—1995 年 11 月　南京农业大学经济贸易学院副院长

1989 年 9 月　南京农业大学农业经济研究所所长

2005 年 12 月　退休

五、媒体报道

1. 顾焕章：走在希望的田野上

《新华日报》2020 年 06 月 23 日第 20 版

- 农经学科研究一定要"顶天立地"
- 增加的收益抵偿不了增加的投入，就有些得不偿失
- 农业不搞现代化、机械化，永远摆脱不了小农经济、小生产
- 一切发明创造都是从幻想开始的
- 真理不怕重复，但重复并不会发现真理

学术感言

我自 1960 年在南京农业大学毕业留校，从教 50 余年。对于当初学农和当教师这两个选择，我从不后悔。我有幸在南京农业大学这所学术根基深厚的农业名校学习和工作，特别要感谢我的恩师刘崧生教授。我在国内农经界担任的学术职务，大多是继任于他的，对于他和农经教育界前辈们的栽培，我铭记不忘。

奔着"广告"学了农经

记者：您生于战争年代，当时的生活学习条件肯定很艰苦。

顾焕章：我是 1934 年"双 11"出生的，老家在盐城阜宁县蔡桥镇。

20世纪40年代初,正值抗日战争最艰苦的时期,苏北也是烽火遍地,民不聊生。父亲才30多岁就因病过世,母亲含辛茹苦带着我和两个妹妹,生活十分困难。在这危难的时刻,我们得到了大姨母的关照,1945年随她到上海,同大姨夫的兄弟和侄儿侄女们,一起住在南市卢家湾的一所房子里。虽然比较拥挤,但能在十里洋场的大上海有个栖身之地,已经非常知足了。

抗战胜利后,在大姨夫的资助下,我得以就读于上海培真小学、上海浦江中学和上青中学。解放以后,我中学没毕业就参加工作,工作地点在松江,当时松江属于江苏省。我在松江专区的农林科(现在叫农业局)工作,开始是助理技术员,后来当了技术员。

1955年,机关里动员一批干部考大学,我参加了"松江中学高考复习班",在松江中学读了一年书,就是为了补高中的课程。1956年考大学,我当时是在苏州考的,因为松江没有考区,最终考入南京农学院(南京农业大学前身)农业经济系。

记者:为什么您会选择南农的农业经济专业?

顾焕章:学习农业经济专业有两个原因:第一个原因是我在农业局工作,是农业技术员,对农业比较熟悉,所以这方面相对有一定的基础;第二个原因,南京农学院农业经济系的广告做得好。

记者:南农当时是怎么打广告的?

顾焕章:说是广告,其实就是当时学校的招生简章。学校提出的培养目标是什么呢?就是培养国营农场场长、集体农庄主席和拖拉机站站长,我就奔着这个来的。因为我当时看了很多苏联电影,比如《幸福的生活》《拖拉机手》《乡村女教师》。《红梅花开》就是《幸福的生活》这部电影的插曲,当时几乎人人会唱,还在至今传唱。20世纪50年代的这些苏联电影都是讲苏联集体农庄的故事。当时全国学习苏联,苏联的今天就是我们的明天,令我非常向往,所以就决定报考农业经济专业。

记者:在上大学时,哪些事情给您留下了深刻印象?

顾焕章:1957 年 11 月到 1958 年 8 月,南京农学院 200 多位师生都被下放到苏北涟水县劳动锻炼,住在农民家里,实行三同(同吃、同住、同劳动)。我被分配到王集乡五星三社第六生产队,在那里呆了大半年。关于"饿"的记忆,我终身难忘。我在王集乡住在一个生产队长家里,每天三顿玉米稀饭,有时在粥里捞到几根胡萝卜就感到高兴。每月到乡里开会最开心,可以放开吃,不收粮票,我每次都吃到胃胀得难受为止。

我读书的时候也算是个活跃分子。我参加过学校的广播站,是编辑兼播音员,曾经主持过好几届学校运动大会。在体育方面,我是小口径运动步枪射击训练班第一连连长。刚毕业做助教的时候,我还参加学生话剧团,演出过一部大型话剧,叫《年轻一代》,还有点小影响。我演一个厂长、老革命。

另外,我们过年、过节都要举行舞会,元旦甚至通宵舞会。通宵舞会在什么地方举行呢?就在水泥操场上面,把滑石粉一打,灯光一亮就可以跳舞。我跳舞不行,跳得不好,所以每次我都是放唱片。我们那届的毕业典礼是在大礼堂举行的,大礼堂后来翻盖了,就是现在的第三食堂。

我们读书的时候,还有各种社团活动,相当多,包括诗会、绘画等等各方面,其实不比现在差。大学生活还是很有意思的。

一场大辩论

记者:请您谈谈留校初期的工作情况!

顾焕章:留校以后,我在统计教研室,主要教学和研究的方向是"统计学原理与农业统计学"。除了上课以外,我还带学生实习。年轻教师要带实习生进行农村调查,包括统计调查、参加社会实践活动。

我记得当时每年都到句容、溧阳搞年报。在年终的时候,每个县、每个乡、每个村都要搞生产报表,反映这一年生产的成绩等等。

我们就把学生带过去,分派到各个乡,帮他们一起搞,然后在这个基础上整理一个统计分析报告。

每年夏收夏种时,我还要去江浦农场。那时候是拖拉机收割,每天要报进度,分析机械运行的情况。做农业机械化统计分析,就是对作业的进度、效率、产量等等进行统计分析,每天要分析进度。我的第一篇论文就是关于统计学的,题目叫《关于统计学的对象》,发表在《江海学刊》1962年第10期上。

在我看来,农经学科研究一定要"顶天立地"。"顶天"就是国际上最先进的理论、最新的成果,要掌握。"立地"就是对中国的实际情况、对基层的情况要了解。究竟农村实际情况是怎样的,不能蜻蜓点水,最好能够深入下去,能够真正了解实际情况。

记者:1977年以后,您进入了学术成果高产期。

顾焕章:1977年以后,我技术经济研究方面的第一篇论文《太湖地区耕作制度经济效果初探》,发表在《群众论丛》1981年第1期。这篇文章的意义在什么地方呢?大概有两方面:一方面,运用生产函数这种数量分析模型来分析耕作制度,也就是用边际分析方法来分析耕作制度的经济效果,从方法论角度来说是有所创新的;另一方面,为江苏农业种植制度"三改二"的政府决策提供了理论依据。

20世纪70年代,苏南地区特别是苏锡常地区基本都是双季稻,百分之九十几都是双季稻三熟制,就是两季稻加一季麦,这个产量要比稻麦两熟制要高一点。所以大家都极力推崇这种耕作制度,认为双季稻是"革命稻"。我们调查了太湖地区也就是苏锡常地区13个县10年的资料,最后得出的结论是:第一,这种双季三熟制耕作制度虽然使农作物有所增产,但增产幅度并不大,米的品质也下降了。第二,用工用本用肥大量增加。增加的收益抵偿不了增加的投入,也就是投入产出比较低。而且,这种耕作制度造成地力衰退、生态环境破坏。从经济效果的角度来讲,有些得不偿失。因此,我们觉得这种耕作制度不是一种很好的耕作制度,应该要改变。这个结论和当时推行的政策不一致,引起一场大辩论。当然这不仅仅是我这篇文章的功劳,但至少这篇文章有具体分析,而不是抽象的一般议论。

有了实际的数据、量化的分析,所以后来双季稻制度很快就改变了。后续成果有《江苏省太湖地区昆山县三熟制比例经济适合点问题的探讨》,刊载在《南京农业大学学报》1981年第9期。1982年在全国性刊物《农业技术经济》上发表的《徐淮地区施肥经济效益探讨》等等一系列文章,都是围绕农业技术经济问题,在全国产生了一定影响。

还有一篇文章《农业科研投资重点确定的经济模型研究》,当时也比较有影响。就是研究农业科研投资的经济模型,它是利用经济剩余原理,建立了模型,然后研究投资的经济效益大小,进行比较。当时国际上就是用这种方法来分析农业科研投资经济效果的,这篇文章在研究方法和研究领域方面也有所创新。

记者:您在国内农业技术经济研究领域做了很多开创性的工作。

顾焕章:农业技术经济这个学科过去在中国没有,国外有一个相近的学科,叫农业生产经济学,它偏重于微观分析、农场管理分析、生产函数分析等。我们把这套生产函数方法运用到技术经济研究领域,这个大概是我们做得比较早吧,但这不是我们一家做,中国农科院、北京农业大学等也做了不少工作。

后来成立农业技术经济学会,我是发起人之一,还担任1990年全国统编教材、教育部"七五规划"教材《农业技术经济学》的主编。1997年,我得了两个国家级教学成果二等奖,一个是这本教材,还有一个是农业经济学科建设"高层次农业经济管理人才培养的研究与实践"。

农业现代化的四个层次

记者:您是国内较早研究农业现代化问题的专家。

顾焕章:早在20世纪70年代末,我就开始涉足农业现代化研究。1978年,我在省委宣传部刊物《工农兵评论》上发表了《加速农业现代化,促进农业高速度发展》一文,对农业现代化的概念、意义和内容做了比较全面的阐述。

我在《中国农村经济》1997年第7期上发表了文章《论面向21世纪我国农业现代化进程中的十大关系》,探索了包括土地生产率和劳动生产率、经济效益与生态效益、物质投入与科技投入等方面的问题。这篇文章涉及我对农业现代化研究20年的总结。1981年出版了《农业现代化》一书,书中除了讲农业现代化的重要性,还讲了农业现代化实现的途径,特别是对发达地区农村经济发展问题进行了深入研究,提出了新的见解。

记者:是什么样的契机让您关注中国农业现代化研究的?

顾焕章:开展农业现代化研究,主要是综合各种因素来考虑。当时美国、日本、苏联农业现代化水平已经比较高了,从国外因素来讲已经是一种潮流。大家也看得很清楚,农业不搞现代化、不搞机械化,永远摆脱不了小农经济、小生产。小生产是一种自给自足的经济,而市场经济、商品经济在小农经济的基础上很难发展起来,也很难使农村走向富裕。从这一点看,当时没多少争议,中央也开始号召要实现四个现代化。

从宏观的角度来看,实现农业现代化应该有四个层次:第一,生产手段的现代化就是生产工具的现代化,是很重要的。第二,组织体制的现代化,没有体制的现代化,生产手段的现代化很难生下根来。第三,社会的现代化,就是不光农业、不光生产,包括销售、市场也要现代化。第四,观念的现代化,这是最高层次。就像我看现在很多大学质量的差别,不是楼盖少了。楼盖得都不差,实际上是思想观念的落差。

名师出"106"将

记者:您一共带了106名研究生,能否谈谈研究生培养的一些心得体悟?

顾焕章：我从 1986 年晋升副教授以后就带研究生了。1988 年晋升为教授，1990 年开始带博士生。我的学生中，有一些很有意思，包括已经是博士导师，还到我这里拿个博士学位。我曾经还和中国经济学的泰斗吴敬琏先生联合招过两个博士。另外，博士生蒋乃华（与李岳云教授合作指导）、常向阳获全国优博论文奖，是很难得的。

我带学生首先看悟性，要有创造性，有棱角没关系，四平八稳的人我不欣赏。一切发明创造都是从幻想开始的，没有幻想，就没有发明创造。学生要有质疑精神、批判精神、创新精神。

我上课允许学生打瞌睡，允许吃东西，但是你不能影响别人。我一直觉得学习是靠主动的，我看重学生的学习能力、思维分析能力。一般来说，十年一过，原有的很多知识也都过时了。但如果掌握了学习方法，就可以像海绵一样不断地吸水，就像拿到了一把打开知识大门的钥匙，就可以登堂入室。我后来教"农业技术经济学"这门课，其实自己也没有学过这门课，就是因为掌握了学习方法，还教出了一个终身成就奖。

当时，我对学生的博士论文提出四点要求，现在看来还是对的。第一，必须对前人的研究成果进行总结和综述。为什么？要想突破，首先要了解这个学科的前沿到底在什么地方。这就要求对一流的文献、最新的文献，必须掌握，而且要加以分析、概括、总结，形成比较系统的观点。第二，必须在理论或者观点上有所创新。真理不怕重复，但重复并不是发现真理。不可能全部都创新，能有一个两个也不错，但是必须要有，总要提出个新观点。第三，必须运用当代先进的研究方法，这里主要是指数量分析方法。当时我们要求论文一般都要有模型，要有量化分析，都是定性的、说道理的不行，要有根据。言之有理，论之有据，这个很重要。第四，对当前的重大现实问题能够提出对策性的建议，归根结底，我们研究的目的还是要解决实际问题。

在朋友圈写文章

记者:您近期在关注哪些问题?

顾焕章:我现在都在微信朋友圈写文章,朋友圈里有 400 多个好友,大多是我的学生。我是搞了一辈子农业的人,经过抗疫,我更加关注国家粮食安全。农业是国民经济的基础,粮食是基础的基础。有人认为中国可以减少粮食生产,以工业产品换取粮食,这可能比自己种粮更有效益。我对此持反对态度。从国际贸易、国际分工角度看,粮食的确不一定要全部自己生产,但是从国际社会换取粮食的前提,是国际粮食充足且可以在国际市场自由流动,但现实是粮食贸易很可能成为国际政治的战略武器,不能掉以轻心。中国有 14 亿人口,中国的粮食问题主要靠自己,绝大部分要自给自足,要端好自己的"饭碗"。当然,有一部分可以通过国际市场置换,进行品种调剂,但一定不能反客为主。

我也关注农民,首先是农民的养老问题。我认为,要适当加大对农民养老的保障力度,让老年人更有尊严地生活。涉及公益性的一些事业比如养老、医疗、教育等,不能完全市场化。解决农民养老问题,必须靠国家、社会和养老机构有机协同。养老机构可以下渗到基层,要有养老服务方面的专业人员。

当然农民养老问题只是农民问题的冰山一角。解决农民问题,工作千头万绪,归纳起来,主要有两方面工作要做:一是要解决农村留守儿童、妇女和老人问题,即"3861 部队";二是要确保农村转移人口市民化质量,帮助进城农民更好地融入城市。

我也关注农村。城市化进程是大势所趋,人口总是在向经济发达、就业机会多、生态环境好的地区流动。假如农村留不住人,农村空心化问题就无法解决。因此,要解决农村自身存在的很多问题,如首先是生态环境,其次是交通,再次就是产业问题。农村留不住人很大程度上要归因于产业稀缺。我个人认为,农村不太适合大兴工业,而应该主要发展第一、第三产业,后者包括养老、健康等产业,还要加快补齐医疗这块短板。

记者:您对江苏社科理论发展有何希望?

顾焕章:江苏文化底蕴深厚,社科界比较活跃,和现实结合紧密。希望江苏社科理论界加强对青年人才的培养,希望他们加快成长,能多出在全国有影响力、对现实重大问题提出深刻见解的青年理论家。

记者:胡波、杨丽、韩宗峰

原文链接:http://xh.xhby.net/mp3/pc/c/202006/23/c791522.html

@理所当然

江苏首届社科名家顾焕章:搞了一辈子农业,依然心系三农

2. 顾焕章：为农业经济把脉

《现代快报》2013年09月08日第10版

　　"比起别人，我的成就不算什么，只不过是提前研究了几年而已。"79岁的顾焕章身材瘦削，腰背微驼，说话细声细气，但眼睛始终与人对视着。

　　在整个采访过程中，顾焕章最不愿意听见的，是"农业现代化最早研究者"之类的赞誉，他说，更希望人们的目光关注这一领域的年轻人。"他们将来的成就，肯定会在我们之上。"只有看到那些藏在这间公寓各处，署名"顾焕章"的书籍时，来访的客人才会意识到，眼前这位谦虚谨慎的老人，不仅是一位桃李满天下的师长，还是国内最早潜心于农业技术经济研究的学者之一，著作等身，成就卓著。

浪漫的时代先行者

　　1956年考进南京农学院（南京农业大学前身）时，22岁的顾焕章不会想到自己未来的成就。这个刚从松江专区农林科专来的年轻人，满脑子都是属于那个时代的浪漫。顾焕章说："当时新中国刚刚成立不久，国家提出了'农业四化'的概念。同时，受苏联影响，'拖拉机站长'和'总农艺师'成为年轻人向往的职业。"就这样，年轻的顾焕章走进了当时在全国大名鼎鼎的南京农学院农业经济系。

初遇"农业经济"

　　中国历史上第一次现代意义上的农户调查始于1929年，历时4年。这就是由时任农经系主任的卜凯（John L. Buck）教授组织的覆盖22个省、168个样本点、38256个农户的大规模农村调查。其直接成果《中国农村经济》和《中国土地利用》等文献,不仅成为国际学术界研究中国农业、农民和农村经济的经典,而且被费正清主编的《剑桥中国晚清史》和《剑桥中华民国史》作为中国近现代农业和农村史研究最主要的资料来源。卜凯教授的夫人赛珍珠(Pearl S. Buck)女士也据此为其诺贝尔文学奖获奖小说《大地》收集了丰富的中国农村与农民生活素材。不过,热情归热情,初来乍到的顾焕章并不了解农业经济是什么,但很快,在导师刘崧生的指点下,他成为国内较早研究农业现代化问题的学者之一。

锋芒毕露的学科先锋

20 世纪 70 年代末,顾焕章开始崭露锋芒。在对太湖地区种植业制度进行经济研究时,他运用了土地生产率、土地净产率、土地盈利率等指标进行具体计算和分析,科学地测定了"双三制"比例的经济适合点,为江苏农业种植制度"三改二"的政府决策提供了理论依据。1985 年到 1995 年,已经被公认为学科带头人的顾焕章主持农业部"七五""八五"一系列重点课题,对中国农业经济的宏观管理进行了深入的研究,推进了技术进步和种植业的协调发展。顾焕章还率先将西方经济学的数量分析方法应用到农业技术经济研究中,在农业技术经济学方面进行了大量的开创性研究。1995 年以后,顾焕章又开始研究考察如何以技术进步推进农业增长方式转变、提高农业系统的整体效率等农业宏观管理的深层问题、研究农业科技资源的配置问题和效率问题。同时,顾焕章还是国内较早研究农业现代化问题的学者,他于 20 世纪 70 年代末就开始涉足农业现代化的研究。在他看来,农业现代化不仅体现在技术因素的现代化,制度和体制的现代化同样重要……"农业经济学是经济学的一个分支,是研究农业中生产关系和生产力运动规律的科学"。如今,这些昔日陌生的概念已经印在了顾焕章的脑子里,他信手拈来。

更为学生而自豪

在农业的领域里徜徉了 57 年,尽管已经退了休,顾焕章还是一点儿都舍不得放下。在这间不大的教师公寓里,顾焕章编著的书籍占据了大部分的空间,里面除了昔日的成果,还有他对新时期农业现代化、农业税和农村人口流失问题的研究。不过,当外人瞩目于这些著作并面露惊讶时,这位老人却更愿意说说他的学生们。"他们的眼光更开阔,思维更加独立,他们的成就更在我们之上。"顾焕章说。他始终没有忘记培养中国农经发展的后继力量——他培养的博士生 60 余人、硕士近 40 人,指导博士后 6 人。在顾家最显眼的位置,摆放着一张硕大的合影照片,上面除了过 70 岁大寿的顾焕章,还有来自各地的学生,如今,学生们也都成了名震一方的专家学者。

对话:增加农业补贴,取消农业税还不够

从无到有的"农业经济学家"

柴周刊:从历史方向来看,国家对于农业经济的政策数次变化,农业经济学家在其中起了什么作用?

顾焕章:在历史上,国家对于农业的经济政策,确实发生过数次变化。比如说,有一段时间是集体农业经济,后来,又到了联产承包责任制。在前 30 年左右的时间里,我们国家学习苏联比较多,那一段时间,国内的农业经济学科也是刚刚起步,实在谈不上是专家,当时,我们的主要作用是解读国家政策。1978 年之后,这个学科才真正成熟起来。农业经济研究者们开始为政策制定者建言献策,希望能从科学的角度,促进和指导中国农业经济的发展。

柴周刊:农业现代化提出这么多年,现在发展到什么程度了?

顾焕章:20 世纪 50 年代,国家领导人就提出了农业四化的概念,即实现农业机械化、化学化、水利化、电气化。现在看来,这就是农业现代化的雏形。不过,随后的近 30 年时间里,这种现代化进程缓慢。

1978年,我发表了一篇论文《加速农业现代化,促进农业高速发展》,对农业现代化的概念、意义和内容做了比较全面的阐述,在当时来看,我算是较早研究农业现代化的人之一。后来,国家政策极大促进了农业现代化的发展,就目前来看,技术方面的现代化已经日趋成熟,比如说高科技工具的运用。

在我目前看来,农业的现代化不仅是生产工具和手段的现代化,制度的现代化也很重要。制度因素主要包括资源配置机制和调控机制。农业投入不足会极大阻止农业发展,制度创新是推动农业现代化的关键,比如土地产权制度、农产品流通体制、要素市场、农业投资体制之类,需要一定的变革和创新。

农民离开农村有利有弊。

柒周刊:当前,城镇化对于农业经济的发展有什么影响?

顾焕章:农村城市化是社会结构的转变,应随经济发展与工业化进程而发展。这是一个必然趋势,将会有越来越多的农民从土地上脱离出来,到城市去享受更好的公共服务和发展机会。随着科技的发展,土地需要的人会越来越少,所以,城镇化对于农业经济有影响,但不是致命性的。可以预见到的一点是,经济发达地区的农村会逐渐城市化,而原本在这一地区发展的农业经济,会转移到相对不发达的地区。

柒周刊:越来越多的农民离开土地,会不会造成不利影响?

顾焕章:我们应该从两方面来看这个问题,有利的方面是,越来越多的农民解放自己,投入到工业或者其他行业,促进这些行业的发展,毕竟农业只是基础。当然,不利因素也有很多,比如说,很多年轻人不愿意回到土地上来,这会减缓农业技术的更新,阻碍农业经济的发展。这就要求国家加大对农业的补贴,之前取消了农业税,这还不够。

现代社会里农业是什么?

柒周刊:农业对于现代国家的意义是什么?

顾焕章：是国家的基础，这一点毋庸置疑。

柴周刊：当前，中国对于农业的投入如何，您的建议是什么？

顾焕章：多年以来，国家对于农业一直重视，最近几年，国务院1号文件都是与农业有关。我退休后，曾经写过一篇名为《新时期促进农村经济发展的十大对策》，里面是我的一些建议。

我认为，国家应该消除对于农产品的负保护；推动农村基层政府机构改革与农村组织制度变革；推动涉农财政制度改革；在土地使用证的基础上培育农村土地流转市场；构建多元化的农业科技推广服务体系；构建农村劳动力转移支持和保障体系；完善农产品市场流通体系；强化农产品安全质量检测与检疫体系；建立农业资讯体系；建立农产品对外贸易的促进机制等。

跋

    人生像一条河，有源头，有急流也有缓流，最后汇入浩瀚的海洋；人生像一本书，有开篇也有结语；人生像一方舞台，有揭幕也有落幕的时候。我生于战乱，成长于动荡的年代，悠悠岁月80余载。自从1960在南农毕业任教以来，匆匆60余年矣，曾经授课的本科生数以千计，指导硕、博研究生百余人，发表过文章和书籍百余篇（本）。虽无多大的成就，但在教学科研岗位上曾经努力过，多少做了一些有益的事，总算此生没有虚度。

    此书是我一生的概括与总结，其中有我半个多世纪教学生涯的回忆和心路历程，对当前社会万象的观察与思考，以及有感而发的粗浅诗作等。我要感谢我校的朱娅老师和江苏人民出版社的张惠玲编辑，她们在成书过程中做了大量的细致工作。在此书即将付梓之时，我还要感谢在我的人生中所有帮助过我的人，包括我的家人、友人和贵人。特别感谢我的夫人任露茜女士，近60年来，我们风雨同舟，在艰难的生活条件下抚育子女成长。好在恰逢盛世年华，国运昌盛，我能在一个安定祥和的环境中安度晚年。

顾焕章

2021年5月21日